后浪出版公司

BUSINESS CONFIDENTIAL

零规则

Lessons for Corporate Success from Inside the CIA

by Peter Earnest & Maryann Karinch

思维

[美]

彼得·恩尼斯特 玛丽安·卡林奇 —— 著

吴宗璘 刘道捷 译

中情局首度公开出奇制胜的商战秘籍

四川人民出版社

推荐序
让企业受用无穷的最佳实务经验

彼得·恩尼斯特凭借着自己在中情局秘密作战处累积多年的卓越表现，以及近年担任成功商业组织首席执行官的经验而完成本书，对各行各业的领导者与管理阶层来说深具珍贵价值。从他自己的丰富经验，以及别人成功与失败的研究结果当中，他发掘并广泛选取了诸多最佳实例，对于所有必须扮演领袖角色的个人，以及肩负重责的团队而言，这本书来得正是时候。

在与民众广泛交换意见的过程中，我听到他们的焦虑心声，因为国家所面临的威胁日益深重，无论是政治或宗教的极端主义者、贩毒集团，以及层出不穷的、针对政府与私人企业的网络攻击。

我曾有幸担任本国联邦调查局以及中央情报局的局长，这两个机构都是美国对抗此等威胁的主要组织，里面卧虎藏龙，汇集了国内诸多有志之士。能有这个独一无二的机会，出任这两个机构的局长之职，让我深深感佩他们的专业表现，恪守工作伦理，以及对国家的无私付出；我也了解到如何站在领导人的角色，贡献一己之力。

无论是联邦调查局、美国中情局，或是其他组织的领导人，自履任的那一刻起，就必须面对新局，花费时间精力去摸索出自己的观点，才能针对组织的效能与未来前景，找出最佳对策。此外，新人的筛选、指导及训练，任务编派及升迁系统，还有各个层级的接班计划，都是必须不断精进的问题。

而这些问题的当务之急，就是应对未来，建立一个更扁平化，甚至更有效率的人力架构。在接下来的几年当中，雇用与留住珍贵人才的需求，也会愈来愈迫切。

我在中情局任职时，彼得负责的是媒体关系与发言人的角色，与中情局高层的工作关系紧密。他能够精准掌握中情局的活动内容，无论是奏捷的任务，或是曝光的失败行动，都能充分理解其原因。他的品格正直，并且深入研究如何鼓励和培养员工，以及最重要的"留住员工"，让书中内容格外具有说服力。

中情局的最佳实操案例，在书中俯拾即是，能让你的企业受用无穷，这正是本书的宝贵价值。

威廉·韦伯斯特（William H. Webster）

法官，曾担任美国中央情报局局长、联邦调查局局长

作者序
建立以使命为导向的行事方式

老实说，一开始写这本书时，我的心中充满了怀疑：特工能变出什么合法的玩意，传授给企业界人士？不过，在我听了那些故事和阅读众多资料后，我发现答案的确是肯定的。关键在于厘清其间的相关性，要提出和实际工作有关的问题，而特工活动的好莱坞版本，就不值得一提了。

另外一个关键是，彼得·恩尼斯特并不是个一般的特工，他见多识广，经验丰富，进而培养出良好的传道授业功力，是不可多得的宝藏。

因此，我们有了这本书，将中情局秘密作战处的行事原则，成功转移到商业实务，例如挑选与留住员工、以创意和灵活的方式解决问题、建立以使命为导向的行事方式、从错误中学习等。彼得在特工世界中的经验，点出了商业的核心原则，而彼得和我也知道许多企业界符合或不符合这些原则的例子。本书充分广纳了我们对特工与商业这两个领域的个案研究。

在我与彼得谈话的过程中，一些看似吊诡的想象，一直在我的脑海萦绕。比方说，我本来会以为有一大堆一板一眼的行动准则。我知道第一线的情报官必须聚精会神地处理每一次的秘密行动与会议，所以我本来以为彼得会告诉我一套执行业务的规矩，或是如何实现特定目标的公式，甚至是可以直接复制，让所有企业界人士增进效率的模式与体系。当然，书中依然有某些上述的架构程序，但绝大部分的行动纲领，却呈现出一种截然不同的样貌。

彼得提供的建议不是规划蓝图，而是实际的专业培训。这些建议来自他对情报工作的深刻观察，包括"在线"人员为什么愿意待在中情局，以及诚信文化的优点与功能。

首先，"第一线"人员不单指那些负责吸收在美外国人的情报官，或是在海外恐怖分子的巢穴里安装窃听器的科技天才；作战处的每一位员工，都是"第一线"人员。

其次，对中情局人员为何愿意甘心付出的观察，不只是彼得的真知灼见，更是他工作数十年来的深刻思考。在今日的企业界中，"在职场晋升"已俨然成为奇特的词汇。许多人进入企业工作，如果不是把职场晋升当成驱策自己的方法，就是抱持"做我想做的事就好"这种心态。而中央情报局打从一开始就知道，光靠一份不错的薪水，并不足以吸引优秀人才。情报人员受雇于政府，是照固定等级领取薪水，情报官想要有休闲时间，或是与家人共进晚餐，也绝非易事，而且，在许多案件中，他们还得同时担任两份工作：掩人耳目的假工作，以及卧底的真工作。

最重要的一点是，无论是招募新人，还是沟通实务，都要建立内部与外在的信任关系；这绝对是可以凭借事先谋划而顺利执行的目标。忠诚度与创意思考，并非是延揽优秀人才之后、瞎猫碰上死耗子的意外好处，只要循序渐进，每一个企业都能培养出这样的特质。

我曾经是员工，也担任过企业家，现在则是作家的身份，处理商业性的议题已经有三十年的时间，但这次的合作著书项目，让我格外开心。因为我终于了解到，一个像中情局这样高标准要求的单位，何以能够吸引并留住这么多了不起的专业人士。

如何完成以上任务，书中的解答泰半来自彼得，当然，其他公务部门与私人企业的经验，也提供我们很多的重要细节。我会分析彼得在中情局招募人员、运营策略，以及从错误中学习等重要领域的经验，期待这些心得同样可以在私人企业开花结果。此外，我也会剖析企业如何发挥找寻新人的效率，以及如何引领这些人才打败群雄，将个人的生活与企业文化融合在一起，同时又能维持良好的管理绩效。

中情局秘密作战处和企业界所使用的某些方法，就算不是完全相同，也可说是非常类似，但有时却又看起来大不相同。不过，就算秘密作战处的这些长官，和企业界主管过着很不一样的生活，但他们完成工作的方法，几乎毫无二致。所以，无论是对营利组织或非营利组织来说，在本书当中所提到的企业精神，皆可一体适用。

回到我当初心中的吊诡。我的确误解了从特工转行从商的彼得处理企业情报的方法，不过，我一直认为有这种背景的成功企业家，必能展现其独特观点，这点倒是完全正确。在本书的字里行间，读者可以看到独特的彼得·恩尼斯特，不断以"我"和"我们"等代名词，指代情报体系里的相关人士，而书中大部分的故事与专业意见，是我们两人的综合经验与研究心得，当然，牵涉到秘密训练和交换情报之类的事，就不是我的范围了。

玛丽安·卡林奇

致谢

　　首先，我们要向威廉·韦伯斯特法官愿意为本书作序表达谢忱。我们也要向其他知识渊博、思路明晰的人士道谢：吉姆·麦克考密克（Jim Mc Cormick）、格雷戈里·哈特利（Gregory Hartley）、凯文·谢里登（Kevin Sheridan）、德博拉·辛格·多布森（Deborah Singer Dobson）、迪恩·霍尔（Dean Hohl）、约翰·那不勒斯（John Naples），还有一位前作战处的资深官员，热心提供他对于招募新血过程的独特见解。我们也要向比尔·桑切斯（Bill Sanchez）和艾拉·内马克（Ira Neimark）致谢。沟神公司（Ditch Witch Company）的同仁也提供了一些重要的故事题材；还有，下列诸位专家也针对本书提出诸多宝贵见解，在此一并致谢：罗恩·凯斯勒（Ron Kessler）、托尼·门德斯（Tony Mendez）、基思·梅尔顿（Keith Melton），以及丹尼尔·平克（Daniel Pink）。当然，也要谢谢出版社团队的支持：斯坦·韦克菲尔德（Stan Wakefield）、埃伦·卡丁（Ellen Kadin）、巴里·理查森（Barry Richardson）、埃丽卡·斯佩尔曼（Erika Spelman）、威廉·赫尔姆斯（William Helms），以及艾琳·玛居克（Irene Majuk）。

彼得·恩尼斯特：

我要感谢那些了不起的中情局同事，他们引导新人，为人榜样，立下奉献的典范，这套方针让我始终遵行不悖。我也要特别谢谢妻子凯伦，她不但大力支持，对于许多的来电、开不完的草案会议、冗长草稿却终究成书的过程，也展现无比的宽容。

玛丽安·卡林奇：

我要感谢亲友们从不间断的支持，也要感谢本书的共同作者——彼得·恩尼斯特，他风趣又练达，我真的很想知道，莫非所有的特工都这么迷人、充满智慧又妙语如珠？我还要对迈克尔·多布森（Michael Dobson）和特德·利曼（Ted Leemann）表达我个人的谢意，在头脑风暴的过程当中，我从他们身上获益良多。最后，我要感谢国际特工博物馆的工作人员，每当我穿过大门，总能感受到他们传递的温暖。

谨将本书献给那些勇敢而了不起的中情局干员，他们工时漫长，冒着生命危险牺牲小我，却不期待得到大众喝彩，一心只想要保卫我们的国家。

目录

第二部分　情报的搜集、分析与传达

零 规 则 思 维

Business Confidential：
Lessons for Corporate Success from inside the CIA

第一部分　成功的要素：充满企图心的人

热情奉献一己之力的员工，是情报体系的核心。中央情报局要找寻的是一流的人才。他们渴求的不只是工作，而是使命。

　　在本部分中，我们将讨论如何找寻、吸收及筛选合适的人才，借以圆满达成任务。他们必须接受良好训练，才能正式登场，而且，必须持续接受在职训练。他们要全心投入情报工作，在诡谲多变的环境中，仍然努力维持优秀的表现。

　　显然，企业界想找的人才，也需要这些特质。

第1章　情报搜集与商业的交会点

　　我们交给约翰·肯尼迪总统一份薄薄的蓝色活页夹，里面的内容是来自莫斯科的高层机密消息——苏联军情上校及武器与军事专家奥列格·佩尼科夫斯基（Oleg Penkovsky），自愿将苏联的最高国防机密转交给西方。他在时间紧迫的状况下，偷偷将这份最高机密放置在情报交换站，里面披露了一项天大的情报：苏联发射远程导弹的能力极为有限。肯尼迪这位年轻的总统立刻明白，苏联无法对美国发动有效攻击，所以，1962年发生古巴导弹危机时，肯尼迪总统即使面对赫鲁晓夫的威胁，依然稳居上风。

　　美国情报单位的任务，就是要确保这些情报内容准确无误，还要兼顾及时性与客观性，才能提供给总统和其他的决策者。国家每年拨出800多亿美元的预算，投注20万名人力，几乎都奉献给了这些珍贵的字词——情报工作者提供情报，让决策者能够在得到完整情报之后，做出定夺。为了要获取、过滤并提交报告，我们必须进行浩如烟海的"情报搜集工作"，其中包括吸收线人、发展卫星技术及破译密码等。

　　无论我们国家判定敌友的方针经历了哪些变化，情报搜集的角色定位，从来不曾改变；国家利益，永远是第一位。而密切注意与保护国家利益，也是我们60多年来努力不懈的使命。为了努力达成目标，我们找来许多人才，甚至是天才，来帮我们厘清和过滤情报数据。

情报搜集活动已有悠久历史，不过就许多方面看来，美国情报组织的先进程度，可算是全球首屈一指；而领导阶层更是对每一位情报官寄予厚望，期待他们能够完成交办的任务，提供国家需要的情报。

我曾经问自己，"企业可以从情报搜集的准则中学到什么？尤其是像秘密作战处这样的单位？"身为中情局的官员，也是成功的个人企业家，如今又在营利机构担任高层主管，我的答案是，"绝对获益良多"。我所提供的反省与观察，并非要让你照单全收，"这是中情局的做法，所以你也应该比照办理"。当然不是如此。本书字里行间之外，留有更多的思考空间，"这是我们在中情局的处理方式，所以不妨参考这些技巧，帮助你完成自己的既定目标"。

特工与企业主管共同关注的焦点

特工的技巧包括伪装、闯入私宅、安装窃听器等，不过，特工活动的原则，还是在于"信息"：取得信息，处理并予以分析，转化成清楚易懂的语言，呈报给决策者。电影之所以把焦点放在"技巧"，是因为光让观众看着银幕上的主角讲话、写报告，恐怕不是件有趣的事。

从前线搜集得来的资料，不可能尽善尽美，也不可能陈述完全属实。要是能这么理想，那么我们要讨论的就是真实事件，而非情报的原则；情报只能尽量厘清现实状况，无法达到百分之百的准确率。情报官必须随时注意最新的工作要求、最好的行动计划，以及最实时的重大事件；他们必须随时做好准备，要在危机状态下迅速反应，拟定应变计划，此外，还得在时间压力下，依然善尽职守。

听起来跟企业主管一样，对吧？

企业主管必须在参观相关的商业展览时观察敌情，而在拥挤的餐厅里，他们的谈话内容则要格外小心。有些狡猾的主管，不但会偷听对手的讲话内容，还会想要以背面解读的方式，企图看懂竞争者的文件，多知道一点蛛丝马迹都好。当然，他们也要具备专业技术：搜集、传输，以及分析与运营有关的资料。

听起来跟秘密作战处的官员一样，对吧？

基本上，两者的确十分相像，如果你画出一个维恩图（Venn diagram），把特工与企业主管的计划与行动的焦点标示出来，就会产生下页的图表。

本书所涵盖的诸多主题，来自我从事情报搜集与商业工作的经验。我自冷战时期，就加入中情局的秘密作战处服务（此单位曾更名为计划处，之后又改为作战处），在欧洲与中东等地区，从事秘密行动长达 25 年的时间。

之后，我又在中情局局长室工作，这里也就是所谓的"七楼高层任务区"。我曾经担任与美国参议院与其监督委员会的国会联

能单打独斗、团队合作的员工
因品质优良而让公司
与众不同的产品
产生独特优势的战略
兼具实战智慧与书本知识的技巧
"一定要赢"的结果导向

企业

情报搜集

络小组召集人，随后又与监督中情局的局设监察长一起共事。最后，我负责媒体关系与发言人的角色，历三任局长：第一任是威廉·韦伯斯特，他出任过联邦调查局局长，之后又担任中情局局长，史上唯有他一人而已；接下来的局长是罗伯特·盖茨（Robert Gates），他之后担任布什与奥巴马总统的国防部长；最后一位是詹姆斯·伍尔西（James Woolsey）。无论是在中情局本部的工作或是前线任务，都让我得以运用各种不同的角度观察这个组织，尤其在那紧张刺激又充满挑战的冷战年代。

我的职场经验，相信将可提供各位许多应用的机会，尤其是我在秘密作战处的那段时间。无论你任职私人公司、大学或政府机关、法律事务所、医院等，都一样适用。

许多书籍利用比赛来隐喻职场，像是棋局、足球赛，或是老鼠在迷宫中搬运奶酪，你必须在这两种环境中来回适应，将比赛中所习得的经验，应用在自己所遇到的状况。不过，我心里构思的却不是这种方法，在本书中，除了偶尔出现的特工技巧之外，大部分的经验范例都能让你灵活运用在自己的企业中——如何招募与筛选新人、提出应变计划、执行计划、及时止损、承担精算过后的风险，增加求胜的概率等。当然，做特工和做生意一样，绝对不是在玩游戏。

资深分析专家谢尔曼·肯特（Sherman Kent），也是中央情报局的创办人之一，他见证这个机构从"战略情报局"（现已解散）逐渐蜕变至今的过程，包括期间发展出的"公认的方法学"和"细腻精巧的技巧"。中情局愈来愈像其他的成熟化组织，但依然有自己的文化、活力和专业之处。肯特曾在 1955 年的时候，写下了这一段话：

> 我们开始累积出一种印象，情报活动俨然成为辛苦的专业工作，而且是充满荣誉感的职业。在你入行之前，必须证明自己有其天赋，还必须继续接受相当严苛的锻炼。我们这一行开始像其他职业一样，有其严格的入门门槛，也提供了相互竞争与高度专业化的领域。

虽然在肯特这段话出现的 50 多年间，中情局持续进步，不过，依然不算是个完美的组织。虽然难以达到十全十美的境界，但它仍然拥有强烈的吸引力，招来许多精英人士，他们不但为美国贡献心力，也帮助中情局转型，为国家提供更优质的服务。他们以创意的方式解决问题，积极进取的态度也符合我们国家的精神。你会在本书中看到，中情局何等重视这些从事关键任务的员工所提出的观点，也会看到书中这些创意表现与思考的范例，皆来自秘密作战处同仁的经验。

对于成功的事迹，我当然予以高度肯定，但是我也特别注意到，某些具有"教训"价值的失败经验，其实也相当受用。比方说，我们开除了爱德华·霍华德（Edward Lee Howard），但因处理不当，导致后来他向苏联供出内部消息，让中情局深受打击；不过，我们确实可以从中找到值得借镜之处。还有另外一个例子。1985 年 9 月，《纽约时报》记者史蒂芬·恩格尔伯格（Stephen Engelberg），披露苏联特工维塔利·尤尔钦科（Vitaly Yurchenko）变节投靠西方世界的新闻，还点名中情局里的两位干员，其实是来自苏联国家安全委员会（KGB，下文简称克格勃）的卧底分子。

恩格尔伯格的报道内容完全属实，但是中情局在当时予以驳斥；不过，这样的否认完全没有发挥任何效果，显见中情局需要与记者建立更好的沟通模式。有趣的是，在这些重大案件发生之后，我们可以看到中情局如何吸取教训，这绝对值得企业仿效。霍华德事件之后，我们设立了一个新部门，专门处理有问题的员工。而在恩格尔伯格的案例中，我们深刻检讨，发现这次的惨痛失败肇因是政策问题。以往中情局和媒体总是处于对立关系，中情局的新局长威廉·韦伯斯特决定一改前任风格，大刀阔斧进行改革。局长找了一位负责公共事务的官员，他把媒体当成向权力说实话的盟友。

方法不同，需求相同

做生意和做特工的手法通常不尽相同，其背后的组织也有本质性的差异。虽然两者之间有操作方式与结构上的不同，但我们仍然可以找到类似的需求。

首先，把特工技巧应用在商业用途，乍听之下不免像是狡诈的歹念，甚至是违法的事情。的确，想应用特工技巧来偷取商业情报，我也认为是绝对不可取的行为，不过，为了能够深入讨论，我会把特工技巧的这个概念，简单定义为一套广泛的技术，可以应对商场上的挑战，毕竟商战与特工战极为相似。各位不妨好好想想，如何运用这样的战术，当作解决基本问题的新方法。

我希望你想到的对策不是拿着静音电钻，到对手首席执行官的书桌抽屉里安装窃听器，不过，你可以派出两三名公司的职员（当然，请他们不要穿有公司商标的衣服），到对手的展会摊位去一探究竟，听听他们如何向顾客进行推销。想必你在阅读本书时，不免会想要知道我们究竟如何取得情报，不过，在其他的领域当中，我会推荐比较"商业"的手法，但依然可得到相同的结果。

其次，做特工与做生意之间，有个相当大的差异——中情局的地位是政府机构，我们不需要赚钱。我们的股东，也就是美国纳税人，期待我们能够完成命令，交付情报给总统与其他资深决策者；我们也必须对国会负责，因为国会是代表美国人民监督我们的单位。官僚体系的优势与国会监督预算的限制，正是我们与企业之间最大的差距。

不过，想必你也注意到了，资源分配与情报的关系，其实也可以广泛应用在商业界。中情局的前局长理查德·赫尔姆斯（Richard Helms）曾经信誓旦旦表示，"以为机密情报预算就是随用随取，这根本就是好莱坞电影才会出现的情节，由于某些情报经费不需发票核销，所以中情局对预算的控制，比我知道的其他政府机关更加严格，而且，在我任职局长的期间，对于使用纳税人的钱，更是锱铢必较"。

第三，我们必须把前线情报丢到充满冲突、贪污，以及犯罪的地方。在光谱的这一端，可以看到因为贪腐丛生所引发的不便：从街头警察到帮你接电话的工人，都需要打点。如果你想把电话赶紧安装妥当，很可能需要塞钱了事；这种行事手段，学校是不会教你的。

而在光谱的另外一端，你会因为当地的反美主义发酵，而发现自己的生命财产安全不时受到威胁。有些企业也会让员工面临遭受可能伤害的处境，但通常不是人身安全面临危险，而是逼使员工必须火速做出决策，挽救某一交易项目之类的情况；这种

"伤害"与人身安全无关，而是与金钱有关。不过，无论是特工或主管，都必须培养能在关键时刻做出决策的技巧，而且在面临高度压力下，依然能够从容使用这些技巧。

日益求精的动力

情报体系的人员经常抢先别人一步，率先使用高科技产品，也就是说，现在出现的某些商用设备，在以往仅供特工人员使用。比方说，我们发展出监控苏联的侦察卫星，类似的显像技术在今日用来侦测肿瘤；"干员短距沟通"设备则是现代手机的前身。我们还发明了内置扫描仪的钢笔，能让情报人员在浏览文件的时候，立刻复制下来。当然，现在你想要做类似的事，可说是轻而易举。我们一直鼓励局内同仁努力研发并多加运用先进科技，而这些科技的研发，无不说明了情报工作人员的发明及创意解决之道，都能帮助你让事业更上一层楼。

本书的每一个章节，都能让你看到愈来愈多提升竞争力的门道，包括：足以担任情报官这个重责大任的人才、可以转化为情报的信息、同时考虑计划与伙伴关系的整合性策略和搭配作战计划的辅助性战略，以及控制结果的各种方法。

就情报体系的认知，即便只是一名情报官，也可能让结果大不相同，所以，不同于其他的经管书籍，本书更侧重于个人的表现。当然，团队合作的重要性，绝对不可轻忽，但我想强调，一个具有全方位才干、令人亟欲网罗的员工，的确有可能帮助你提升整个企业的竞争力。

为了让你了解中情局对于工作实务的看法，在此与你分享中情局针对秘密作战处干员所揭示的愿景与任务使命。

> 美国情报组织是世界首屈一指，其以高质量与优秀人才而闻名，我们应成为体系里的中流砥柱。

> 提供总统、国家安全局，以及所有制定和执行国安政策者以下的数据：
>
> ○ 与国家安全有关的境外情报，内容必须准确、有根据、全面且及时；
>
> ○ 处理反情报活动、特殊活动，以及由总统指挥的国外情报和国家安全相关活动。

对中情局的情报人员来说，上述的任务使命有其特殊的个人意义；对每一家公司而言，也应该有自己的独特使命，借以启发团队成员的个人意义。

接下来，我们要探讨如何挑选和留住最优秀的人才，而这一切的开端，就是从你深信不疑的、表明组织目标的宣言开始。

第2章 适任工作与否的特质

从智商测验、性格测验，以及扎实的工作技能等方向找出顶尖人才，是否可行？在以下的篇章中，你将会发现，这些方法的确能够发挥效果。不过，想要进一步准确规划未来顶尖人才的形貌，需要其他更重要的因素，而我们小时候最怕的那种标准化测验，是无法评估这些特质的。毋庸置疑，这些特质确实存在，而且对组织具有关键的影响力。

2005年出版的《全新思维》（*A Whole New Mind*）一书中，作家丹尼尔·平克曾经仔细说明右脑思考的特质与优势，他也提到特勤工作人员不可或缺的特质——这种特质渐渐成为企业界人士成功的必备要素。他所揭示的前提，刚好点出了我要强调的寻才准则，以及如何找到这些人才，并且好好留住他们。

○ "左脑导向思维"是以左半脑为主的思考方式与生活态度——注重序列、实证、功能、文字及分析。码农就是很好的例子，他们掌握了信息时代的优势，能获得务实型企业的赏识，同时也是学校教育重点栽培的学生。

○ "右脑导向思维"是以右半脑为主的思考方式与生活态度——注重的是共时性、背后的隐喻、美学、整体脉络，以及整合性。在信息时代中，往往低估了这种人才的重要性，创意人才正是很好的例子。右脑导向思维的人得不到组织的重视，也会被学校忽视。

当然，纯粹左脑或纯粹右脑的活动，可说是少之又少。我要强调的不是非黑即白的二分法，而是左右脑之间的交互作用。与此同时，我也要揭开大家的迷思，千万不要以为考试成绩决定人是否"聪明"。

让我介绍一位了不起的中情局官员，大家便能明白我为什么如此推崇平克的见解。

我刚认识迪克·韦尔奇（Dick Welch）时，立刻见识到何谓足智多谋、反应灵敏。迪克很自豪自己出身爱尔兰，也以爱尔兰式的幽默感为荣。他进入中情局没多久，随即被派驻前线，在各项秘密行动当中战功彪炳。这并不令人意外，只要是与中情局利益有关的团体，他都能游走自如，无论是政治圈、新闻圈，或是和使馆工作人员、贩夫走卒打交道，都难不倒他。他混入人群，无所不能，就连在网球场上也是游刃有余，不管是加入哪一个地方的网球俱乐部，永远能受到大家欢迎。此外，迪克饱览群书，写作能力也极其优异。

不过，他虽然如此杰出，但他其实有只眼睛是弱视。我之所以拿他举例，是希望诸位能够了解，迪克·韦尔奇绝对不是好莱坞电影里的那种完美特工。

迪克擅长建立人际关系，而且具备高超技巧，能在那个国家里找出上达天听的关键人物，以及值得吸收的优秀人才。我们在秘密作战处的寻才目标，是希望可以找到担任卧底的情报来源，或是位居某一重要职位，能够代表我方，在暗中发挥影响力。有时，一个人必须肩负这个双重责任。由于吸收新人是秘密作战处的主要业务之一，研究迪克何以如此称职，对于企业如何寻觅人才，绝对帮助匪浅。

迪克所提供的情报数据，充满了个人风格以及对人的浓厚兴趣。无论是与人言谈或是书信往来，他都相当在行，阅读他的分析报告，总是引人入胜（秘密作战处的官员只要接触过利益相关人士，都必须撰写细节报告）。他展现了深入观察与描述的能力，大多数的情报员都难望其项背，所以，他的报告总是能够深深吸引我们的目光。当然，部分原因来自培训新干员时，或是向中情局长官做简报的良好训练，但他如果没有足够的天分，光靠训练，也无法让他在前线发挥此等效率。

迪克相当正直清廉，所以他不仅有才干，更让大家愿意充分信任他；没有信任基础，是无法完成培训新干员的。无论是迪克的同事、他旗下的干员、网球俱乐部里的朋友，或是中情局总部的长官，每一个人都很信任他。

不过，不是总部里的每个人都这么欣赏他。当他在某个南美洲国家担任站长时，曾经接到长官下达一纸行政命令，但他不仅嗤之以鼻，还直接回呛，"这里是爱尔兰人的站！"他严词拒绝，认为那只是无聊的官僚作业，他口中的"爱尔兰人的站"，其实就等于是在告诉上级，这是"我的站"。

后来，迪克被派到雅典，他与妻子住在前任者的居所，而恶名昭彰的希腊恐怖组织——"11月17日革命团体"，也知道这个地方。1975年12月23日，他与妻子参加大使官邸的圣诞节晚宴之后返家，却遭到该团体暗杀——不只是因为迪克·韦尔奇是一位精干的中情局高官，更因为他是中情局的站长，杀死他具有象征性意义。但是，对我们而言，痛失迪克，又岂止是象征意义而已，我们思念他，也缅怀他对中情局日复一日的杰出贡献。2010年，国际特工博物馆感念迪克的付出，还为他策划了特展。

迪克过世多年之后，我担任情报官，底下是他以前吸收的干员，他们仍然是最优秀的情报人员，而且当他们提到昔日长官时，语气总是如此热切且充满崇敬。迪克这个人，真的是你绝对不想失去的难得奇才。

从迪克的身上，我们可以看到丹尼尔·平克在书中谈到的一流人才特质。一旦你找到迪克·韦尔奇这样的人来加入你的团队，就必须好好加以专业训练，而且一定要表彰其贡献。想要确保成功的果实，这些要素缺一不可。

许多人拥有绝妙的创意，但是只有少数人知道如何实践。从商或从事秘密行动，对于成功的诠释各有不同，不过，这两者都需要找到能够使命必达的员工，就像迪克·韦尔奇这样的人才。

谁能当"长官"?

企业界习惯使用"长官"这个词汇代表各主要领域（财务、科技、信息、安全等部门）的高层主管，这个概念与军队中的"军官"一词相当一致。他们必须受过良好训练，具备过人才智，能够代表部门做出符合整个组织的使命与愿景之决策。

在中情局里，外站的前线部队包括指挥秘密作战任务的情报官、技术人员、执行人员，以及其他提供后勤与行政需求的人员。中情局秘密作战处的情报官，就像企业或军队里的长官一样，必须做出配合现状及符合个人层级的决策。

不过，情报官与军队的类似关系，仅止于此。中情局虽然也有位阶的组织架构，但"照着做就对了"的说法，绝对不是下达行动令的好理由。老鸟或许可以吩咐菜鸟，但是菜鸟也应该发挥自己的判断与观察。中情局当初愿意吸收这些人，也是因为他们展现出能够独当一面的能力。

让我们先看看中情局如何找出合适的人选并赋予"情报官"的重责大任，你便能了解，一位优秀的军官或是公司高层主管，应该具备哪些特质。

不过，我要谈的不只是那些在组织中位高权重的人，就像在中情局的秘密作战处一样，你的重点是吸收人才，这个人才意指具有合适特质的人，能够提出周全判断与缜密行动。换言之，将会有一群关键人物，对组织发挥重大影响力，当然，这些高层贡献者只占了全部员工的小部分而已，不过，你应该尽一切努力，尽量缩小高层与基层员工之间的差异。

如果你希望自己能为企业立功，成为杰出的专业人士，那么，本书所提供的实务经验，也有助你达到绩效标准。

独立思考与团队作战的困局

特工活动的层级组织，其实与大多数在各地设有办事处的企业架构，相差不多。在前线工作时，你是工作站的一员，而工作站的领导者就是站长。一般来说，工作站都设置在美国的官方设施里面，而进驻该设施的"国家团队"，是由美国政府的首席代表（通常是驻外大使）所领导。

中情局希望员工能够在巨大的压力下，圆满达成任务，他们必须是坚强独立的思考者，也必须是小心谨慎的团队成员。

新进的情报人员，通常需要两三年的时间，才能够应付这种挑战。在漫长的见习期之中，重点在于"训练"，新进人员会知道自己是否能够胜任，而且在这段时间当中，新生需要培养的是事前的准备工夫，而非真正动手执行。通过这个准备过程，我们能了解每一个人所需的反应时间，并以关系紧密的训练方式，培养广泛的各种技能，建立他们真正的信心。在学习过程中，会有一位或多位的资深学长协助他们发展自我意识，建立对其他同事和组织的忠诚度，并且希望在他们正式上线之后，仍然能够不断地精益求精。

在带领干员（你所吸收的新进人员）时，如何面对独立思考与团队作战的困局，是非常重要的关键，当然，在面对客户时，如何处理这种困局，也具有同等的重要性。

当情报官在招募新手时，手法其实与专业销售人员相当类似，重点就在于推销自己，让他们相信这位长官；而且长官还需要推销另外一个东西，让他们心悦诚服，那就是"品牌"。就我的状况而言，这个品牌就是中情局，而就贩卖iPad的人来说，则是苹果公司。

但特工活动与一般销售的主要差异，在于其所建立的信任关系非比寻常——这些员工必须偷偷摸摸地工作，在许多状况下，冒着失去工作与名声，甚至是丧命的风险，从事各种非法活动。所以，建立他们对你的信任，对组织（中情局）的信任，一定要及早开始，而且要不断予以强化。你往往会变成他们的红颜知己、听取告解的神父，或是最亲密的朋友，一旦信任关系逐渐弱化，也就等于失去这名干员了。

由于有诸多因素交互影响，所以，经营线人最困难的部分之一，就是"持续性"。你担任长官，训练新线人在你手下做事，线人也习惯了你的风格，但你总有一天会接受新任务，必须离开。把线人移转到其他人的手中，显然也是团队作战精神的高超技巧之一，事实上，你必须发挥绝佳创意，让干员觉得自己紧密相连的是"团队"，而不是你个人。有时，线人对于改变会裹足不前，因为他觉得自己与你无法分割，他的信任感全放在你身上。尽管你与线人之间会累积各种深厚的关系，但是你一定要强调这项事实——与他们相系在一起的是中情局，而不是你这位长官。

波兰上校理夏德·库克林斯基（Ryszard Kuklinski）可算是中情局有史以来最重要的线人之一，而最早培植他的长官是戴维·福登（David Forden）。福登调职之后，依然与库克林斯基保持联络，书信往来多年不辍，等到福登无法继续写信之后，我们继续为他代笔，维持私人信任关系。此外，与库克林斯基直接接触的联系人也没有什么频繁的变动，中情局步步为营，就是希望可以消除他的疑虑——相同的面孔，还有戴维·福登持续不断的来信。我们的确获得了库克林斯基的充分信任，当他因为担心性命不保，必须尽快逃离波兰时，我们赶紧把他接出来，而他的家人也顺利离开波兰。

企业中的类似状况，也是如此。为了要让员工能够"信任你"，无论是销售、客户服务、公关、营销，或是其他让员工接触外在世界的活动，都不能有任何犯错的空间。你必须让他们了解，要信任"你这一个人"，也要信任"你所代表的团队"。

以使命为导向

想要进入中情局，第一关可能会被问到的重要问题就是："认为自己主要效忠的对象是组织、工作，或是使命？"如果答案是

"工作"，那么你应该转去别的领域，远离情报圈才是。

从另一方面来看，如果你是被别的政府机构雇用的律师，效忠的对象是"工作"，当然符合一般规范。你立刻投身工作，上级期待你可以交出一流质量的成绩，经过两三年之后，你也为单位做出了许多贡献，接下来，你可能会想要以自己的经验与技能去投靠私人企业，可以赚更多的钱，而且也能让法律圈的人更加了解政府的运作，这可以说是双赢的局面。不过，这套剧本不可能在情报圈上演。所以，面试官与咨询长官会花相当长的时间，评估这名人选是否具有合适的特质，确定其具有一定的忠诚度能够为中情局效命。

为了这个目标，我们遇到了一些相当特殊的挑战。我们必须找出优秀聪明又品格高尚的年轻人，并且要求他们与同事共处时，保持最高标准的诚实清廉，因为在执行美国当局交派的合法任务时，很可能必须从事某些违反他国法律的行为。我们教导他们如何非法潜入管制区域、安装窃听器、偷取秘密、说谎——不过，等到和局内同事相处时，又要回归正常轨道。

我们要测试他们的廉直，也要做背景调查，确认他们确实忠诚爱国；一旦发现他们的确是我们要寻觅的良才，我们会协助他们，尽快掌握卧底工作的目标和本质。这可能和他们的道德感多少有些抵触，毕竟，这份为国服务的工作，偶尔必须在被奉命指派的国家里从事非法行动。

从以上的例子当中，有两点值得企业界参考：

○ 在组织里所从事的活动，其价值在于"角色"，换言之，工作只与你做的事有关，而与你是谁无关。如果你是个随时随地都在想着济世救人的医生，你的身份就只是一个充满救人理想的人，而通过当医生的方式，予以实践。身为偷取机密文件的情报官，则是在为中情局与自己的国家搜集必要之情报，这种行动不会带来任何个人利益。

○ "使命"是赋予你好好扮演角色的动力。如果你曾经坐在办公桌前，惶惶不知自己的工作有何意义，不妨想一想组织的任务使命。理想上，使命蕴含了某些价值，能够提醒你自己的目标是服务、培养，或是其他正面有益的活动，比方说，情报官的使命就是要"支持总统"。要是你一时找不出理由，支持你继续做下去，一定要想办法找出更能提振自己的说法，不然，就该考虑换工作了。

有些专业人士不愿意调整自己的工作习惯与想法，让自己融入企业文化当中，部分原因在于他们不把自己当成公司的一分子，他们不是"IBM人"，也不是"通用汽车人"；他们完全不觉得自己与公司的使命有什么关系，他们习惯以职业类别来描述自己的身份："我是平面设计师"，或者"我是工程师"。

当新进人员加入秘密作战处时，我们希望这些新人不要把自己的中情局工作经验，当成未来转业的垫脚石。大多数前来应征中情局工作的人都很清楚，我们要吸收的是能久待的人，而经过情报体系训练的情报人员，我们也希望能够加以留任。

我们讨论了以使命为导向，以及延续人才留任的重要性，不过，我必须强调，拿公司薪水的"非明星"员工并非毫无忠诚度可言，就算他们可能不会把自己当成"IBM 人"或"通用汽车人"，但是，那些牺牲午餐时间，只为准时完成计划，在周末加班，只为好好准备会议资料的辛勤员工，的确为公司做出了贡献。姑且不论他们是因为担心自己的工作质量，或是不希望看到客户失望，他们的确竭尽全力地展现出相当的忠诚性，就某种程度而言，也等于是重视企业使命的一种表现。

除了企业的整体使命之外，当然也有每天必须完成的任务——反映公司运营目标的各种行动。要是被指派任务的员工见树不见林，又遇到工作压力愈来愈大，很可能会突然兴起"公司关我啥事"的念头，决定放弃。

1978 年 4 月 6 日，阿尔卡迪·舍甫琴科（Arkady Shevchenko）成为全世界的头条新闻。他时任联合国副秘书长，在变节投靠美国的苏维埃官员当中，他是位阶最高的一位。当时我除了要负责中情局总部的管理工作之外，也被指派要负责舍甫琴科的安保工作。在此之前，他一直是我们在联合国纽约总部的卧底消息来源，我们很担心在他变节之后，会遭到苏维埃情报单位的暗杀，而这个人暴躁易怒，让状况更加棘手。

整整一年，我们都处于高压紧绷的状态，但我们一心想的都是真正的工作目标：从他身上盘问出宝贵的情报；还有，千万不能让卡特总统一早醒来就必须召开记者会，宣布这位苏维埃变节资深官员的猝死消息。

舍甫琴科是在 1973 年走马上任，成为联合国的副秘书长，这是该组织的第二高职位。在短短不到两年的时间内，他主动联络国务院某位官员，表达变节意愿，而该名官员也让他开始接触中情局。

如果有人下定决心要投效敌营，那么，从变节的那一刻开始，他的信息也等于失效了。所以我们总是苦劝意欲变节者，一定要坚守原有岗位，继续撑下去。舍甫琴科被说服了，一直到 1978 年，当苏联当局突然无预警召他回国，他生怕从此再也无法离开莫斯科，所以恳求我们，希望能变节叛逃。

舍甫琴科不想与妻子摊牌，他先前曾经向她隐约提起过这个话题，但是她相当抗拒。所以，由中情局与联邦调查局所组成的联合工作小组，立刻连夜护送他离开纽约，到达弗吉尼亚州的某处安置中心。我们开始进行一连串的盘问，重点包括苏联当局的政策思考与决策过程，他身为苏联情报体系克格勃的代表，在联合国从事了哪些活动，还有他与苏联领导人的互动，以及对他们的印象等诸多细节。

我有个手下名叫奥里奇（里克）·阿梅斯（Aldrich "Rick" Ames），是负责盘问任务的干员之一，他后来犯下严重的叛国罪，因为他替克格勃从事情报活动，对美国造成重大伤害（后文会有更多关于此事的细节）。里克只是负责协助安排情报体系里的其他成员，让他们进行盘问工作，而我当时的联邦调查局伙伴，是一位经验老道的反情报干员——戴维·梅杰（David Major）。我们两人携手合作，致力于保护舍甫琴科，不过，有时候真正的危险，其实是来自舍甫琴科他自己。这个人喜怒无常，嗜饮伏特加，而且不肯拿新的名字在美国开始新生活，而且，召妓习惯依然不改，当初他还待在纽约时，这个老毛病就已经为他惹来一身腥。

对于我提出的百般要求，舍甫琴科理应会被激怒才是；就一般状况而言，他一定会"开除"我，不过，我是他所打交道的官员中最资深的，所以他也没办法"开除"我，而且最后我们的关系还相当不错。但对于同一团队的联邦调查局成员而言，保护舍甫琴科简直是前所未有的空前任务，他们必须带他去逛街买东西，有"女性密友"来访时，还要保护他的行踪。有一次，我把一大笔钱交给联邦调查局的干员，请他们带他去加勒比海度假，就在我数算大把钞票时，他们露出吃惊的表情，说到他们已经习惯了联邦调查局针对经费使用的严格规定，他们惊叹，"除了上帝之外，还有谁能展现这种大手笔"！

从此之后，他们在私底下开始叫我"上帝"。有个经常与舍甫琴科见面的女子，朱迪·查维斯（Judy Chavez），也偶尔会听到这个称号。这名女子还害他遭遇媒体埋伏，引来不必要的困扰，她后来将这段关系写成了一本书，书名就叫作《叛国者的情妇》（*Defector's Mistress*），她在书中提到了情报干员，特别是有个代号为"上帝"的神秘人物，总是隐身在幕后。不过，无论旁人怎么加油添醋，我结案时的经费使用细目，中情局均已仔细查核无误。

我们是紧密相依的团队，为了保护某人而努力不懈，因为这个对象等于能够让我们顺利实现组织的使命。就许多方面看来，我们与他的关系，很像是公司团队必须面对难缠的新首席执行官，你也只能乖乖认命，"一切都是为了公司好，我们要记得自己的初衷"。

第一要务：保护组织

对国家效忠，不但是绝大多数美国人的想法，其他国家的人也同样深信不疑。但是，说到对公司效忠，恐怕未必具有同等的分量或超然性，当然，如果这家公司是由你或是亲戚所创办，那又另当别论。

但是，公司的主管、董事会以及全体股东，都有权利要求你不得伤害这家公司；他们的期待，是一种消极的忠诚。换言之，好好做你的工作，领薪水，等回到家时再抱怨老板、同事，但是绝对不要做出任何有损公司的事，或是在公开场合让共事的人难堪。如果你发现自己出现了这种行为，真的要好好考虑，是该离职的时候了。

情报人员喜好臧否人物，其实，任何企业里的顶尖人才也都是如此。他们不但会质问自己，也会逼问彼此，到底是哪个环节出错，究竟是谁犯的错，又或者在什么样的状况下能得到更甜美的胜利果实。如果你把几个情报员放进同一间办公室，可能会听到这种话，"真不敢相信那家伙也能当情报作战官，我看他连在自己小孩的围栏里都没办法打仗"。但这种抱怨仅限于同侪之间，同样一个人如果进了嘈杂的餐厅里，自然会谨慎收敛。

不过，情报员倒不是喜欢批评他人，而是严以律己。一个健康的自我，自然能让别人在自己面前讨论哪里犯了错，哪里可以进一步改善，而且不会觉得自信心受到任何伤害。他们专注的是使命，还有为了完成使命所需的成功作战计划，所以，这种自我分析与自我修正的行为，也成为他们的必修作业。

中情局为了善加运用这种批评的风气，于是将其制度化。我曾经在局长办公室服务了三年，这个单位也倾注全力解决诸如此类的复杂问题，"究竟是哪里行不通？原因又是什么？"事实上，所有的政府机关都有一套监察作业流程，可能类似"局设监察长"，也可能未尽相同，所以这种监察系统并非有什么特殊之处。不过，中情局的处理方式，可算是相当特别，我会在第三部分的"强化组织"当中，进行更详细的说明。

为工作注入热情

当我担任中情局发言人时，曾经接待过一家主流新闻周刊的记者，他说，"我很喜欢来这里，这和我造访的其他国家机关就是不一样"。起初，我以为他指的是神秘的氛围，又或是不知道在哪个地方藏着特工的精彩故事，搞不好这种人物就躲在转角处。但我误会了，他的意思是中情局让他充满活力，甚至可说是相当振奋，因为里面的每一个人，似乎都从内心散发出真正的使命感，他使用的字眼是，"员工生气勃勃，企图心强烈，为共同目标专注努力"。

如果你不满意现在服务的公司，但每个礼拜却要为它工作四五十个小时，想必相当令人沮丧。大家总是为了五斗米折腰，不过，我还是要请你三思，热情与使命感理当可以（也应该）成为你的指导方针。你应该要和自己尊敬的专业人士为伍，光是和一群人厮混在一起，抱怨老板之类的共同敌人，绝对是不够的；就算可以同仇敌忾，也无法弥补缺乏热情与目标的失落感。如果你只能如此的话，也就等于是薪水的奴隶了。

虽然这番话可能会让大家误会，以为我在鼓吹大家吃百忧解，不过，我要强调的重点其实是使命的重要性，它不只能让员工产生忠诚度与良好绩效，甚至当员工遭逢私人或工作困境时，仍然能够帮助他们激发强烈的企图心。

表彰专业能力，而非英雄式行为

"情报员"这几个字所透露出的最重要特质，正是专业能力。本章会仔细说明，专业能力在各式各样的状况下呈现出的不同面貌，像是周详的决策、反应敏锐、常识，以及批判性思考等。

虽然职位会有更迭，但是，在不同的领域之间，专业能力依然可以顺利转换。威廉·韦伯斯特担任联邦调查局局长时，非常称职，当他担任中情局局长时，也依然胜任愉快；许多将军（乔治·华盛顿就是其中一个例子）在战场上表现杰出，担任国家元首时也同样出色。

转换跑道是否能成功，取决于个人适应环境的应变性，以及联结不同领域的能力。

威廉·凯西（William Casey）接任中情局局长时，曾经把他的朋友——证券经纪人马克斯·休格尔（Max Hugel）带进中情局当他的特别助理，这两人都参与了1980年的里根总统选战，因而互相结识。休格尔想要负起更多的责任，所以凯西干脆任命他为作战情报处处长，这是中情局里最敏感的职位，而这项任命的成败，完全取决于休格尔是否能够成功转换他的专业能力，而不是他的证券经纪人背景。

休格尔很快就发现自己受到内外夹击，以前的商场伙伴指控他有不当行为，而局内的员工也对他不满，甚至嗤之以鼻，逼得他只好在两个月之后走人。

不过，我们也可以看到相反的例子。约翰·麦科恩（John McCone）可算是中情局最好的局长之一，不过，当初他担任此职时，他的职业背景是他的硬伤：他是商人出身——对这个全国情报体系的抢手位子，他又懂得什么？不过，麦科恩确实判断精准，领导有方，也懂得如何在国家机关当中发挥这些特质。他迅速掌握了新环境与接踵而来的各个挑战，也马上抓到窍门，发挥自己的专长。反观马克斯·休格尔，犯下众所周知的重大失败，看起来他似乎是没有好好施展自己的身手，或者，根本就是力有未逮。

不过，我必须强调，专业能力与英雄式行为，两者之间泾渭分明，所有的组织都需要员工的专业能力，不过，吸引我们目光的却是英雄式行为，而且通常还能得到如雷的掌声，或是升官的机会。其间的差异何在？如果成就这项丰功伟业的原因来自训练与良好的判断，那么，这就是专业能力；但如果是特技演出，那就是英雄式行为。

詹姆斯·邦德经常会有令人惊叹连连的神来之举，但是一位真正的情报官，绝对无法做出类似的举动，无论接受过多少训练都一样；电影里的特工，表演的是特技。2009 年 1 月 15 日，全美航空的机长切斯利·萨伦伯格（Chesley B. "Sully" Sullenberger III）将客机紧急迫降在纽约哈得孙河，成功拯救了机上 155 条人命。虽然一般人可能没有他的胆识与沉着冷静，但只要接受过正确的训练，累积相当的经验，也可以像这位机长一样，做出同样的行为。这是他的尽职表现，而他之所以令人感佩，也在于他持续稳定的卓越专业能力，堪为他人表率。

中情局并非是完美的单位，不过，它具有重视专业能力及不鼓励炫耀的文化。事实上，要是有员工的自我意识太强烈，甚至超过了专业能力的表现，我们不只会好好注意他，还会找个地方，让他远离作战中心——也许远到让他们不得不另寻出路。其实，这些喜欢努力推销自己、爱耍英雄特技的员工，在商界的表现都相当精彩。最恶劣的例子恐怕是麦道夫（Bernard Madoff）之流的人了，他们把投资人骗得团团转，获得惊人的利润。想想，为什么大家不会把这个人当成漫画里号称无所不能的金融"英雄"？

退一步来看，企业经常因为奖励那些事后邀功的人，而自毁前程。总是有人喜欢自吹自擂，把自己当成明星级的要角。当企业开始提拔那些实力平平的吹嘘者，也就等于设下了一个陷阱，就像"彼得原理"（Peter Principle）所说的："在层级组织当中，员工往往会被擢升到超出其能力范围的位置。"

综上所言：绩效最优异、最值得众人尊敬的情报官，具备了所有的适任特质——他只是一个普通人，但能发挥专业能力，且有持续不断的优秀表现。

哪些是适任的特质？

○ 意志力——结合天生智力、机敏，以及健康自我意识所延伸出的灵活弹性。

○ 独立思考的能力，有助于以灵活创意的方式解决问题。

○ 尊重共赴使命的团队成员。

○ 坚守建设性的批评，对团队或组织造成伤害的言语和行动，一定全力防堵。

○ 对于组织的使命与工作本身，保持不是一百分，而是一百一十分的动力。

○ 力求表现专业能力，而非英雄式行为。

第3章 招募新人，助你完成使命

"在类似美国的民主政体当中，平等主义的思维早已根深蒂固，几乎看不到任何形式的精英主义的踪影。如果你从小就认为任何人都可以当总统，那么，任何人也都可以当中情局情报官的想法，也不算太离谱。"这是中情局前资深情报官员杜安·克拉里奇（Duane "Dewey" Clarridge）在《特工全年无休》（*A spy for All Seasons*）一书中下的定论。

长久以来，总是有许多人想要应征中情局的工作，他们认为中情局这个单位和工作使命，非常吸引人。他们梦想四处旅行，使尽阴谋诡计，以及在全世界最独特的工作环境中遇到有意思的人。20世纪90年代初期，我待在总部服务，当时每年平均有15万名左右的应征者，而在2001年"9·11"恐怖袭击事件之后，甚至涌入了更多的应征者。这些人有的是刚完成大学学业的毕业生、有的是军职人员，有的应征者虽然有工作，但是却苦无目标，你也会看到一些自以为是块料子的家伙，可能觉得自己长得酷似"007"男星丹尼尔·克雷格，就已经符合当情报员的资格。

这样的一个机构，来应征的人三教九流，从小混混到全国最优秀聪明的人都有，所以也应该要有一套机制，可以有效淘汰"不良分子"，如此一来，在完成招募之后，日后的员工训练成本才能得到良好的投资回报率。

中情局招募的过程分为筛选、测试、最后面试等阶段，每一个步骤都是为了找到最顶尖的人选。负责面试的是前情报作战官和你所应征职务的在职者，但这只不过是吸收过程的最前端而已，等到将新血招募进来后，还有可能长达三年的观察期，他们和其他经验老到的学长，会每天不间断地对你进行评估。

招募时倾注大量资源

招募过程如此周延，势必会耗损大量资源，所以一般企业通常不会做到这种等级的筛选、测试及评估，他们找人是以技术纯熟度为考虑，也许因为工作性质之要求，也会考虑人格特质，如此而已。不过，如果中情局出现过高的员工流动率，势必要付出可观的成本，所以，花时间安排资深人员进行招募，才能符合中情局（同时也是符合纳税人）的最佳利益。当然，这种做法之所以可行，没有财务的后顾之忧，是因为我们没有盈利的压力，而且有美国国会依本局之重大使命而批准的预算。希望本书能够让您更加了解中情局的运作过程，但却不需要像我们一样，花费大笔的研发经费。

考虑中情局的失败成本会有多么惨重，那么，在招募过程中倾注大量资源，自然也就不足为奇了。当年，爱德华·霍华德因为不满中情局对他的处置向敌营兜售秘密情报，导致多人丧命。

霍华德曾经是中情局训练的新进干员，负责处理莫斯科的机密情报（例如线人）。在培训过程中，中情局发现这个人有吸食毒品的问题，而且还有过偷东西的犯罪记录，这些状况让他丧失了工作的资格，他很快就被开除了。

霍华德心有不甘，随后主动将自己知道的情报泄露给克格勃。这个人使用非法毒品，却不肯据实交代，理应被开除，不过，我们雇用了这名员工和请他离开的方式，的确相当粗糙不当。历经了这起叛国案的教训之后，中情局针对开除员工的步骤，逐一进行改善，以免让离职的员工在日后反咬你一口。

大部分企业的失败成本，通常不会牵涉到生死问题，不过，有时候的确是攸关人命——制造直升机、造桥、为医疗机构设计软件的这些公司，要是计划出了状况，很可能会威胁到人身安全。姑且不管你的公司是否从事攸关人命的事业，但如果以预算有限为借口，大幅缩减面试的完整过程，绝对是大错特错。

对企业来说，员工流动率绝对是可观的成本，"商业与法律报告"公司（www.BLR.com）提供了电子表格，让你可以计算出更换员工的成本，他们认为大约是员工全年薪资的30%，但我以自己开设的公司为样本，予以试算，发现这个比例太保守了；某些主管职位的更换成本可能高达60%。他们的计算基础包含了三个主要部分：部门成本，主要是离职的薪资结算；人力资源成本，或是任何负责招募的人力都必须计算在内；还有付给中介公司的费用，以及测验、训练费。除此之外，也不要忘了生产力减损所带来的成本，这个部分可能根本无法估算。

中情局的员工离职成本更是高得惊人，事实上，根据某项粗估的数据，其成本很可能高达员工薪水的20倍。这个数字如此之高，部分来自离职面谈、找寻替代新人的筛选过程（面试、推荐审核），还有"商业与法律报告"公司称之为"新进员工适应期"的成本。中情局光是面试就要花掉45分钟至4个小时，而且还有多次的面试。

和私人企业的标准相比，中情局的员工流动率已经算是相当低了——长年保持在5%左右。但是，无论是中情局，或是其他21世纪的企业，都不应该抱有幻想，以为这个时代的求职者一心想要成为"企业的中流砥柱"。我们当然不希望花两三年的时间去训练员工，培养出心智与体能的百般武艺之后，却跳槽到情报体系以外的地方去工作，不过，这种憾事在所难免。在情报体系任职的经验，确实是强而有力的证明，无论是对前线情报员或是分析人员来说，这都等于是转进私人企业高薪职位的入场券。

事实上，中情局的新进员工，尤其是参与情报活动的人员，在入职几年内几乎发挥不了任何功能；一开始需要的是"调教"。司法部的资历较浅律师离开，固然是部门的损失，但受过训练的中情局干员另谋他职，所造成的伤害更难以弥补。就司法部的立场看来，这名员工至少还有两三年的实质工作贡献，而且该单位最后还是会得到好处：律师在联邦政府运作体系中受过良好训练，随后又进入私人企业，一定能够增进大家对政府运作的了解。

反观中情局，绝对不可能得到那样的投资报酬，当从事秘密行动的干员离开中情局，将其所知所学贡献给私人企业时，我们通常是得不到任何好处的。不过也有例外，某些员工之后会以合约厂商的身份，回头找我们合作，提供许多重要的服务。

所以，当我们在挑选新干员时，除了学业成绩表现之外，也要具备合适的特质，而"使命感"正是其中的关键。

如果你想认真参加面试，希望自己看起来是个愿意为公司长期奉献的人，或者，至少在职时是全心全力付出，那么，请好好研究我们的面试过程。如果你是企业主，希望自己的公司看起来值得让员工奉献，那么，在准备找人进来面试之前，也一定要先做这些功课才行。

招募的原则

一个能够长期吸引优秀人才的机构，一定有其历久不衰的特色与政策方向，会让员工推辞掉其他的工作，甚至愿意接受比较低的薪水，只希望成为那家公司的一员。在那样的地方，员工会挂在嘴边的是"我想要做什么"，而不是"公司命令我做什么"。

凯文·谢里登（Kevin Sheridan）是人力资源解决方案公司（www. hrsoltuionsinc.com）的创办人，他根据多年经验，琢磨出一种"吸铁石文化"的概念，用以帮助他的企业客户寻觅良才。虽然中情局不会运用这种术语描述自身的文化，或是描述营造这种环境的过程，但是凯文的概念与中情局很类似，用来讨论这个机构的政策，也可算是恰如其分。

凯文指出，有一种环境，不但能够吸引顶尖人才为其效力，还会不断吸引新人加入，而表现优秀的员工也很难离开这家公司，因为他们感应到了那股磁性——企业文化的魅力。凯文摸索多年，想知道如何让员工尽快投入工作，最后他发现，必须早在员工前来面试之前，就让他们产生投入感："让他们第一次听到这家公司的名号时，投入感已然开始发酵。"

就品牌和名称辨识度的角度而言，中情局的确比绝大多数的私人企业更具优势，不过，光是只有名称辨识度，并无法产生强大的吸力，让这么多人想要为中情局工作。无论任何的招募活动、工作机会公告，或是任何能够接触到未来员工的媒体曝光，中情局一定会再三强调机构使命的重要性，而使命正是建立企业文化的基石。

约翰尼·斯潘（Johnny "Mike" Spann）是中情局的情报官，在塔利班组织发动"9·11"恐怖攻击之后，美国派出中情局与特种部队的联合武力，驱逐阿富汗境内的塔利班势力，而约翰尼也不幸成为第一位死于战火的干员。他在 2001 年 11 月 25 日为国捐躯后，他的家人追忆其生前所说过的话，"大家不愿意做的事，总得要有人去完成"。中情局的使命，何以会有这么强的动力，也可以在他的这番话中一窥堂奥：前线作战的干员看待自己的工作，就像是国家安全一样重要。

凯文也强调，"只要员工相信组织的使命，他们就会永远与组织站在一起。"而他的策略，就是培养热情洋溢的信徒。他进一步解释，在吸收新人的过程中，最重要的是要传达出这里的文化特质，让员工对组织的使命、对每天的工作内容，都充满了热情。凯文说道，"信徒相信他们一定能够创造出美好的成绩，这样的信念有助于提升吸铁石文化，帮助组织达成预定之结果，也就是——使命"。

如果公司的信息或品牌，从来没有针对潜在员工加以宣传，或是宣传不力，自然无法触及公司心目中的人才。找不到适任员工的另外一个原因，就是负责招募的人抓不到核心，因而错失了人才。一个称职的招募人员，必须先反思、审视这家公司，找出企业文化里的真正特质，新进员工才能因此成长茁壮，组织也能因为这些员工的贡献而蒸蒸日上。

凯文认为，这个问题在情报体系里更显迫切，"我相信许多人在一开始的时候，是被詹姆斯·邦德系列电影给下了魔咒，才会对这种工作如此着迷。他们会把自己的任务想象成好莱坞的冒险电影，而不是每日值勤的真实现状。一旦他们发现工作内容与期待不符的时候，难免会大失所望"。这种状况其实在中情局并不多见，因为他们花费了许多心血，让员工的期待不至扭曲失真。

在吸收新鲜血液的过程中，一定要保持诚实，才能宣传"健康的吸铁石文化"，却又不会让员工觉得在挂羊头卖狗肉。当然，你一定要让他们知道工作有其精彩刺激的部分，但也必须解释那些普通的例行性任务，也有其重要性——组织的整体使命必须靠此维系。

你绝对不会看到中情局里有人在吹嘘好莱坞版本的特工生活：一早醒来，身旁躺的枕边人是哈萨克斯坦长腿超模，抓起 PPK 自动手枪，打死躲在床底下的坏蛋，然后提醒客房服务人员，早上送来的马爹利要用摇的，不要用搅拌的。继而在击剑比赛中，打败邪恶集团的副指挥官，还偷走对方的女人，来个午餐幽会，说服她在晚餐的时候帮忙，一举歼灭邪恶集团的总指挥。任务完成、回到饭店后，再度叮咛客房服务人员，马爹利要用摇的，不要用搅拌的，最后，又带着哈萨克斯坦长腿超模上床睡觉。

用侧写进行筛选

在安保的领域中，侧写（profile）功能会依照服装、外表、行为举止等其他外在特征，以及政治或宗教倾向，将各种人分门别类。在这种状况下，光是黑皮肤，或是胡子三天没刮，都可能让你很难拿到登机证。

不过，在私人企业里，如果侧写功能牵涉到宗教与基本外貌等特征，则已经超过了法律容许的范围；其实大家依然照做不误，只是不会明说。

你的习惯性小动作，或是别人看得见的地方，只要被面试官认定为"负面"侧写的一部分，都很可能会触动某种特殊反应。即便是一件小事——你的穿着打扮、讲话的腔调、奇怪的笑声——也可能会引发下意识的反感。即使参加面试的人对此早有准备，努力迎合面试官的期待，这种现象的负面效果仍旧屡见不鲜。为了参加面试，以化妆品掩饰吓人的刺青，显见你认为刺青会影响你的商业人士形象。不过，等到你进了公司之后，开始将刺青大方示人，认为大家不以为意。虽然公司是以你接受面试时的样貌进行"侧写"，结果却与事实有相当的出入。

所以，中情局的面试官必须相当谨慎，以免让很可能是出于下意识的主观判断，影响了他们的评估结果。中情局早期仰赖人际网络去找寻员工，吸收了大量的常春藤盟校的毕业生；这种形式的侧写，也成为当时觅才的重要条件之一。不过，时至今日，中情局的人力结构已经反映出社会的基本样貌——新世纪与传统、保守与自由、男性与女性。

从另一方面来看，中情局也很清楚，不可能会有立场绝对超然的面试官，所以，中情局试着以正面的方式来运用侧写功能，希望参与初步筛选的面试官，除了运用自己的主观判断之外，也要搜集各种客观的资料。在面试的过程中，最重要的基本问题是，"眼前的这一个人，是否能成为我们团队里的一分子"？

初步面试

要成为秘密行动处的干员，固然是条漫漫长路，不过，与某些大型企业相比，中情局的做法未必是特例。某些大公司对新进员工进行筛选及测试，也长达好几个月，有时候时间甚至超过一年。举例来说，谷歌此前过程冗长而神秘的面试，在业界相当出名——在硅谷找工作，通常需要经过五到八次的面试，而谷歌更甚于此。

想成为中情局的情报干员，一开始的过程相当传统：先填写中情局官网上可以找到的应征表格；经过多次面试之后，就要进入特殊的体能与心理测试，其中包括测谎；随后，就是严格的背景调查。

如果应征者的表格数据获得青睐，接下来就进入面试阶段。通过一次又一次的面试，应征者也会愈来愈了解组织及自己的应尽职责。等到顺利通过所有的应征流程之后，就会收到一纸附有例外情况的聘用合约，这名新进员工开始上线，具体掌握工作内容。

第一次的面试时间约在45分钟左右，之后的面试时间可能会超过三个小时，而且整个过程要拖上两三个月。不过，应征者也能因此了解这个组织及其任务，以及在未来担任秘密行动干员时，可以从组织得到什么样的支援。

负责拨打第一通初试电话的中情局代表，不是一般的人事部门职员，而是拥有实战经验的情报员。某位曾经担任此项工作的秘密作战处处长，也解释了个中原因，"我们亲自与应征者面谈，希望可以了解他们的动机。这个人把情报任务当成刺激好玩的工作？或是寻求更深层的意义，希望能够对国家安全奉献一己之力"？

所有的应征函都必须经过人力资源部门的初步筛选，才会将副本送到电话面试官的面前。而过不了第一关的原因也很简单——应征者不是美国公民。中情局的确需要熟悉特殊语言与文化背景的人才，但一定要是美国公民才可以。不过，因父亲或母亲担任军职，全家因而派驻海外的应征者，则不在此限。

在电话初试时，面试官会告诉应征者，可以在正式面试之前先仔细浏览官方网站，而正式面试通常会在两天之内举行。

再者，这份工作会对自己造成什么样的影响，面试者必须心里有底，说得出答案。如果要在秘密作战处工作，必须经常住在国外，而且没几年就要调动到别的地方，所以配偶是否能够接纳，也就显得格外重要。

中情局在面试流程中所注重的这个部分，很值得其他公司参考。许多行业的业务与主管都需要加班，差旅频繁，而且还得把工作带回家——就算只是在心头记挂，也等于回家继续工作。所以，家人的认同度问题，绝对不可小觑。"此后这个职位，等于有一半的时间必须出差，你的另一半有什么想法？"这样单刀直入的问法，当然可以让你明白这位应征者为这工作花了多久的心思，能得到这个面试机会是多么开心，不过，这种牵涉到隐私与歧视的问题，恐怕会让你与人力资源部门起冲突。请先询问相关基本原则，虽然这是关键的信息，但是在询问的过程当中，千万不能触法。

玩票性质的警报

除了奉献与使命感之外，中情局寻觅的良才还得要有另外一项特质——对不确定状态的高度容忍性。诡谲多变的世界，迫使战术必须随时应变，问题找不出是或非的明确答案，屡见不鲜。到了最后，同一个问题的解决方案，也未必每次都一样。对于这么多的变量，有些人完全无法忍受；他们比较习惯架构明确的组织。"在没有资深员工引导的状况下尽快做出决策"，这种性质的工作，并非人人都能胜任。不过，这些人还是可以对组织做出贡献，只是不适合在前线作战而已。

那些认为自己可以在不确定状况下、杀出重围的员工，自然知道自己必须积累更多与迅速决策有关的经验，技巧才会随之精进，在组织的地位也会变得愈来愈重要。

面试过程中会出现各式各样的警报，对此，任何一位有经验的人力资源专家都可以马上发现问题。首先，你会听到肤浅的答案："我想要在这个地方工作，因为我热爱旅行。"或不打自招的自暴自弃："这是一个绝佳的工作机会，可以让我忘记自己失败的婚姻。"还有受害者心态的反应："别人经常恶意责难我。"还有应征者拼命强调自己高超的计算机操作技巧，只为让面试官留下深刻印象，但却举出了这种荒唐的例子："我以前的老板，对我们部门的每一个人都很坏，所以我在他的计算机里植入病毒，让他硬盘里的文件遭殃，不过，只有'他的'硬盘而已。"

后续的面试可以挖掘出求职者的各种信息，包括他是否诚信待人、街头智慧高下、自尊高低、人际手腕、直觉敏锐度等。除了以上信息，面试官还要判断求职者是否具有其他人格特质或经验，证明他够格成为一位情报官，并且担负起这个重要工作的责任。

中情局要找的人，必须具有强烈的自我意识，但绝对不是自大傲慢，这种态度会让他们的光荣事迹蒙上阴影。他们必须勇于冒险，但绝对不是以寻找刺激为乐的人，也不是铤而走险的愚勇分子。中情局需要的人才，就是知名作家吉姆·麦克密克（Jim Mc Cormick）所谓能"聪明地承担风险"的人。

麦克密克在 2008 年时出版了《风险的力量》（*The Power of Risk*）一书，书中提到，"聪明地承担风险"的人能评估各种选项，降低危险性，并且不放过任何机会。这种人能够体会中情局的任务使命，一心为取得最终的美好成果，而克服超人的挑战。

总而言之，面谈就是要观察各种指标，以判定求职者是否具备足够的生活经历、理想的人格特质，以及聪颖的智慧，适合在秘密行动这一行成就事业。

许多人在首轮面试时便出师不利。如果你没有良好的口语与文字表达能力，无法顺畅沟通，再光鲜的经历也派不上用场。这样的人选很可能会被选派到秘密作战处以外的地方，这些单位不需要高超的人际沟通技巧。

真心谋职者的特征	玩票性质的警报
配偶能够接受工作的特殊要求，例如四处奔波、工时长、非正常时间上班等。	还没有和配偶讨论可否接受工作的特殊要求。
可以清楚合理地解释为什么这是他心目中的理想公司。	求职者并不清楚这家公司是否符合个人的职业生涯目标与理想工作环境。
好奇公司对此职缺人选的期待，并报以正面态度。	没有弹性，似乎绝不会接受超出职责范围的工作。

做足功课的重要

　　一旦通过初步的筛选，接下来会遇到什么样的面试官，应征者根本一无所知。这和其他的企业很不一样。在企业中，大多由人力资源主管负责第一关面试，接下来再由部门副主管主持第二关，最后还有其他人也可能加入审核。不过求职者会知道每位面试官的名字与职位。所以，求职者准备面试时，可针对面试官的背景做功课，甚至可以用"Google 地球"事先考察公司所在地的景象。你还可以登入领英、Plaxo 或脸谱网等社交网站，看看这些面试主管在专业领域上的人脉与同事。

　　2008 年与 2009 年时，美国经济陷入衰退。当时无论是日报、商业性周刊，或是博客，所有媒体倾力为求职者提供各种案例分析或建议。其中出现某些重复的求职秘诀，都是与求职者做功课的功夫有关。例如说，许多人建议求职者善用网络资源做事前准备，在面试时才能提出掷地有声的洞见。这些信息只要是必要的，即使是付费内容，也得掏出钱购买才行。对公司的重要人物、历史及问题做足功课后，面谈的对话可以更深入，提出令人耳目一新的问题，甚至针对公司目前的状况，提出解决方案。

不过，到了中情局，面试者就稍微吃亏了一点，你只知道有人，或是有好几个人要面试你。不过，无论是到任何地方应征任何职位，求职者都应该要有所准备，一切回归做足功课的重要性：

○ 对组织有基本认识。你可能觉得这一点听起来理所当然，不过，有次我问一大群面试者，有谁看过介绍中情局的书？最后只有两三个人举手。现在网络资源如此发达，没有理由无法得知这个组织的使命、历史、组织结构、产品与服务，或者，你也可以从对外的数据，像是小册子、新闻稿，或是大众的口碑，从中获得信息。比方说，中情局经常是严苛媒体及舆论的目标，不管是书籍、电影、电视等大众文化，中情局无所不在。针对"你有什么看法？对于某些批评意见，你同意不同意？原因为何？"等问题，应征者的准备工作其实并不困难，因为中情局已经将建议的书单公布在官网上，这些数据提供很明确的信息，告诉应征者中情局属于什么样的组织，而应征者是否注意到这份书单，也等于告诉了面试官某些重要的信息。

○ 注意时事。中情局的应征者必须能够掌握世界形势，尤其是与美国有关的部分，以及对国家安全的潜在威胁。而一般企业的求职者，也应该对公司所经营的市场有所了解，面试官可能会问你这样的问题，"你认为本公司的董事对最近的哪一条新闻会有兴趣"？我们的国际特工博物馆是需要收取门票的，不过华盛顿特区的史密森学会（Smithsonian Institution）的各个博物馆则不收费，我们与这些博物馆具有某种程度的竞争关系。如果来应征媒体公关的人对此毫无所悉，显然是没有抓到重点，他无法掌握基本"现状"——也就是我们的市场。当然，我们也无法期待这名竞争者会知道详细的细节，比方说，史密森学会因为有国会法案的支持，所以能获得大笔政府经费的拨款（大约是总预算的70%）。不过，我倒是希望应征者至少知道国际特工博物馆是个私人企业，换言之，千万不要走进来时，以为自己是要到政府机关找工作。我有个朋友，年轻时曾经前往某计算机集团的媒体公关部门应征工作。在面试过程中，她被问到要怎么处理最近的热门议题，她的回答根本文不对题，因为当时热门的头条新闻是人类基因工程、计算机屏幕辐射线、键盘与鼠标手之间的关系一类的问题，不过她讲的却是风马牛不相及的科技最新发展。

○ 运用自身关系——不过，请务必谨慎为上。许多机构（当然也包括中情局）对于运用私人关系前来谋职的应征者极其敏感，因为无论是政府机关还是私人企业，多年来都出了不少丢人现眼的大纰漏。

○ 具备大环境的使命感。如果你不在乎自己所服务的机构，那么，与其他真正在乎雇主的人相比，你已明显居于劣势。在海外进行特工活动，虽然要低调保密，但这也算是一项公共服务；美国人民不但付你薪水，也希望你可以认真工作。你也许觉得这份工作有趣，因为牵涉冒险活动，不过，就算完全不需要冒险，美国民众依然希望你可以全心全力投入。

如果组织与员工之间，完全没有任何的联结，就算是一般企业，也同样难以忍受。我原来有一位同事，曾在一家大型的计算机公司工作过一段时间，只是因为"待遇非常优渥"。这家公司认可他拿高薪、位居要职的能力，因此不去评估他是否重视公司使命或文化。除了那张每两个礼拜领到的薪水支票之外，他找不到需要认真工作的好理由。一年之后，他离职了，要是他自己没走，恐怕没过多久，公司也会把他踢出大门。

用测验看出人格特质

测验，是为了要挖掘员工的优点——善于团队合作、具有经理人的特质及其他各种技能，但不要忘了，测验也可以看出缺点。中情局的某些筛选机制，确实与排除性格的负面特征有关，测谎

到中情局与其他企业求职前，必须做的功课

中情局	其他企业
知道组织的基本数据	知道公司的基本数据
掌握时事	掌握公司运营的市场现况
谨慎运用自己的人脉关系	小心运用自己的人脉关系；避免高调——关系是一种敲门砖，但不能滥用。
了解中情局的使命感——搜集情报是一种公众服务的职业。	拥有加入这家公司、而非其他公司的明确理由；知道这家公司的服务对象，也很清楚如何让客户满意。
找出自己的核心能力，确定是否与中情局的情报官资格一致；不要伪装，以免浪费自己和别人的时间。	找出自己的核心能力，确定是否与这家公司的职位需求一致；如果答案是否定的，仍要强调自己的长处，看看是否还有其他适合的职位。

器正是其中之一。一般企业并不需要针对犯罪或道德这种负面特征，进行特意的筛选，不过，你可以将它当成一种保护自我的方法，以免招收到有受害者心态、人生不如意，或是根本不适任的员工。根据商业与法律报告公司在 2010 年的保守估计，如果把人力资源部门的时间与招募的硬成本计算进来，一家公司找寻主管职位的费用，总共是 12100 美元，而其中花费最少的部分，就是职前测验——只需要 750 美金。

通过一份完善的测验，可以评估应征者的心理素质，以及是否符合职位需要，这不仅可以减轻求职者的焦虑不安，也等于救了你自己。

玛丽安（本书共同作者）在大学主修语言与戏剧，所以你大概猜不到，她打算从事贷款专员的工作——她一毕业就跑去应征美国汇丰融资（HFC, Household Finance Corporation）应征。她的想法是，"有了这份工作，不但可以处理与人有关的事务，还可以存研究生的学费"。

幸运的是，在第一次面试的时候，公司先做了一次简单的测验，可能是迈尔斯－布里格斯性格指标（Myers-Briggs Type Indicator，以下简称MBTI）或是明尼苏达人格量表（Minnesota Multiphasic Personality Inventory）。后来，公司顾问把她叫进办公室，用和善的态度，表达了婉拒之意："和你一起工作，想必很有趣，但不是在这家公司。"她自己也松了一口气，听从顾问的建议，找寻更符合自身个性与兴趣的工作。

我在第二章的时候，曾经提到某位中情局的优秀情报官——迪克·韦尔奇，他是哈佛毕业的高才生，主修古典文学。根据我的MBTI性格指标训练经验，我猜韦尔奇和我有类似的人格特质：外向、直觉、思考、理解等能力。相信美国汇丰融资也不会找我们这样的人去上班。

领导特质测验

在我开始讨论领导特质测验的标准化方法之前，我必须强调，就我所知，所有的企业（当然，还有中情局）相信的是真正的表现，而非测验结果。最根本的领导特质测验，终究要回归这个问题：大家会愿意跟随这个人吗？而且，并非人人都有担任领导职位的意愿——事实上，如果许多优异的人才属意的是管理职位，而不是领导人的位置，反而对企业发展更有帮助。

就我看来，经理人具有管理组织的技巧，而领导人具备的是鼓舞人心的技巧。漫无章法的鼓励方式是行不通的，所谓的领导术，必须能够激励鼓舞员工，吸引他们的效力，而且愿意听从上级的指示。所以，要求领导人具有正直、坚持、高瞻远瞩之类的能力与个性，并不为过，这些都是谋略的能力。相反地，管理能力的重点则在于日常的时间安排与分配资源，需要的是战术能力。

员工成为领导人之后，却无法胜任，原因可能有二：一是可能是欠缺领导的特质，根本不该被安插在这种吃力的职位；不然，就是没有人注意到这名员工其实尚待磨炼。测验可以避免这种错误，但是千万不要等到要让员工升官时才做测验。评估领导力的潜能，并非在评估个人的工作技能，优秀的领导能力需要合适的人格特质及才能，最好是当员工一进入公司服务的时候，就立刻进行评估，决定其未来的潜能。

企业界往往以为，具有良好独立工作技能的员工，进入领导位置之后，也会像变魔术一样，突然具备领导技巧；又或者，以为员工聪明能干，一定可以培养出领导才能。这真的是大错特错。常见的例子是，某位在医院工作的医生，医术高超，获得院内的广泛肯定，不过，这位具有创新能力，可能会被升官、领导众人的技术专家，最后却跌破大家眼镜，以失败收场。

中情局里有许多创新十足的专家，在他们的专业领域中相当杰出，却无法胜任管理职位，更不要说高层主管的位置了。我们感谢这些优秀员工的付出，寻求予以肯定的方法，也许是加薪，但是，我们绝对不愿意铸下大错，让他们升官、担任超出自己能力的领导大位。

MBTI 性格指标，以及其他的人格与表现量表，早已被广泛使用，成为全方位的评估工具，量表中也包含向员工的上级、同事及下属所征询的互评回馈意见。中情局在训练过程使用 MBTI 性格指标，让学员自行评估，也通过他人的评估结果，对性格的了解能够更加准确，员工的确能够快速掌握自己的人格特质，以及别人眼中的自己。无论是哪一种形态的组织，都可以多加运用这一类的评估工具。

人格特质测验

我在中情局服务多年之后，取得 MBTI 性格指标的评估证书，但我自认还不算是专家，所以，在这个章节当中，我会借助德博拉·辛格·多布森的观点，做更深入的讨论。这位专家是人力资源部门的副总，也是《向上管理！》（*Managing Up!*）一书的共同作者，她早在 1989 年时，就成为 MBTI 性格指标的认证评估顾问。

二次世界大战的时候，凯瑟琳·库克·布里格斯（Katharine Cook Briggs）与她的女儿伊莎贝尔·布里格斯·迈尔斯（Isabel Briggs Myers），特别为军方设计了这一套性格指标。这项设计的真正目的，是为了提供个人以及管理层一套基本工具，借以找出最适合员工的工作。

德博拉指出，借由这套评估，应征者可以知道自己在什么样的岗位上最能发挥所长，得到满足感，并且培养未来的领导能力。先前我们曾经提到"人力资源解决方案"的创办人凯文·谢里登，他也非常同意德博拉的看法，"MBTI 性格指标是一套完美的职前测验模板，可以让你知道这名应征者是否具有领导特质"。

我必须强调，一般公司相当关注员工是否具有领导潜能，但中情局则不然，他们要找的不仅是领导人，而是可以完成任务的情报官或分析专家；他们未必会做到管理或高级主管的职位。局内虽然重视员工的尽职表现，但工作表现不等于向上晋升的台阶。对我们来说，这样的政策一直实行得相当成功。

同时，我也要厘清两个概念，可以妥善处理时间与资源的人，我们称为"优秀经理人"，而"经理"只是爬到公司某个高位、刚好赢得那个头衔的人。企业界会在一群经理人当中挑选领导人，最后却往往让"优秀经理人"留在经理的位置上。MBTI 性格指标，可以帮助员工与企业了解这两者之间的差异。我将 MBTI 的人格特质，概括分类为以下四组：

1. 内向／外向（Introvert/Extrovert，简称 I/E）：你的动能藏于内在，或是显露于外？中情局的分析人员多是内在型，而情报官则是外在型，但也会有例外——个性极为内向的情报官，或外向性格的分析专家，也都表现得很出色。

2. 直觉／感觉（Intuitive/ Sensing，简称 N/S）：这里出现一种对比：强烈的直觉，对细节与准确度的专注力。直觉型的员工很可能出现在营销部门，而工程部门的则比较注重感知细节。在中情局里，两种类型的情报官都有。

3. 思考／情感（Thinking/ Feeling，简称 T/F）：这两者之间的区别，在于决策时是采取分析式的方法，或是执着于正确或错误、黑或白。后者似乎看起来比较感情用事，但未必如此。比方说，在讨论堕胎的时候，思考型的人会问，"要在初期还是晚期动手术？"或者"有哪些状况？"不过，情感型的人想到的却是此举是否符合道德规范。

4. 判断／理解（Judging/ Perceiving，简称 J/P）：判断型的人很快就做出结论，但理解型的人对各种可能性持开放的态度。

光看这些名词，就可了解其中的差异：内向气质（I）或外向气质（E）；重视事物的诠释或意义（N），或是基本信息（S）；把逻辑当成基本架构（T），或把焦点放在人的身上与规则的例外（F）；直接导出结论（J），或对各种变化保持开放态度（P）。

"领导特质类型"通常是 ISTJ、INTJ、ESTJ，以及 ENTJ 等四种组合。当然，有这样的测试结果，并不表示这名员工最后一定会担任领导职位，不过，有大量统计数据证实，大部分的领导人都落于这四种范畴。

还有一点很重要——组织里的真正领导人，未必是具有相对头衔的人，有正式的领导人，但也有非正式的领导人，这些人也多半符合我所列出的这四种组合类型，只不过这些人并没有掌握实权的正式职衔而已。昨天刚入职的员工，可能成为指导别人的明灯；这个人开创新局面，指日可待，无论此人的组织位阶或高或低，都能发挥其独到的能力。

我们已经清楚了解领导人具有哪些特质，但为什么有人能够坐到公司领导大位的这个谜题，依然复杂难解。是否因为这个社会鼓励这样的行为类型？或者是这种类型的人比一般人更有冲劲？还是因为这样的人已经抢得先机，所以想找同样性格的人一起工作，好好提携他们？

企业高层主管所重视的价值，其实与秘密行动处优秀情报官的特质一样，都必须具备：

○ 策划的能力
○ 执行的能力

所谓"策划的能力"，指的是规划战略愿景，或者是比别人更容易抓住大方向。不过，我们不禁要问，无论是在一般企业，或是在中情局里面，具备这种才干的员工在哪里？根据盖洛普的调查，我们相当缺乏战略型的领导人；原因何在？无论是正式的全方位互评结果，或是非正式的彼此对待关系调查中，都可以发现一项事实，着重执行的领导人，对于战略型的领导人的评价比较低。

不过，还有另外一项惊人的事实，战略型的领导人对于其他的战略型领导人，也是给予低评价。如果你对未来有完整的规划，能告诉大家公司的未来走向，那么，应该要期待什么样的人来将愿景彻底实现？答案当然是"能够执行"的人。所以，这种状况也造成战略型的员工难以在组织爬到高位——因为重视他们的人还不够多。

德博拉·多布森对于"特工进入企业工作"，以及"领导人"与"情报官"观念的分野，有其独特的观点。她研究过一个项目，领导人是退休的中情局情报官，习惯单打独斗、享用自身成就之回报的各种特质，完全在这个人身上表露无遗。他片面武断地下决策，对意见不合者嗤之以鼻，还有，总是说出伤害团队的锐利言辞。他为自己的领导风格道歉时说道，自己的作为完全来自以往工作时所累积的经验。当然，我们也能从这个例子看出"领导人"与"情报官"的重大差别，这位员工将行事风格体现在他的个人任务，从更广泛的角度来看，其实是体现于他自己的事业，换言之，他自始至终的领导对象，也只有他自己而已。

你的"员工"能否被调教成为"领导人"，以下四大关键必须密切注意，缺一不可：

○ 放弃部分的自我（能够授权、规划远景，并帮助别人培养他们的目标）

○ 管理经理人

○ 管理组织的各项功能

○ 管理各项业务

面试他的行为态度

想要判断各个员工的领导特质，还必须有不同的测试方式。行为态度面试，就是把应试者放在某一假设情境中，看看他会如何处理。这并不是角色扮演游戏，而是一种让人进入工作的各种议题与状况，进而练习决策与解决问题的机会。

举例来说，我们可以请应试者提供一个例子，当计划的方向走偏了，完全脱离正轨，"有没有曾经想办法把它挽救回来？运用了哪些方法？最后的结果如何？"你可以从应试者过去的工作经验找出一个例子，再推演到新环境挑战下的假设状况。

在这种行为态度的面试中，还有另一种方法可以引发战略性思考："是否曾经设定了目标，但最后却没有办法实现？为什么失败？"通过对方的说明，你也可以仔细判断，那个计划是否在规划的一开始就有欠周详，根本没有执行完成的必要？或者，其实有机会可以避免错误？

领导人必须与他人进行沟通，也需要管理事务；借由行为态度的面试，可以让你评估他们的人际关系技巧，是否能够进行有效沟通。别忘了，仔细聆听，也是沟通技巧的一部分。

行为态度的面试也可以显现个人的决策风格，此时的考虑应该要以组织为本位：此人的决策风格是否与组织一致？

我知道华盛顿特区有一家高科技集团，其首席执行官的长期决策作风，都是仰赖建立共识，这个概念包含了妥协与冲突；也就是说，当大家走出会议室时，虽然决策的结果未必能让大家都满意，但至少每个人都愿意接受。

那名首席执行官退休后，董事会找来另位一位人士接棒，他是一位三星上将，决策风格落于光谱的另外一端——直接下令，要求员工听命行事。这种风格的转换实在太过突然，许多员工（特别是资深的员工）曾经享受过为决策献计献策的时光，认为这才是一种尊重的表现，因此，有好几个人立刻开始准备另觅高就。

理想的状况是，董事会在做出这个决定时，除了改变风格的好处之外，也要考虑到其风险。不过，就像是国会投票与总统选举一样，有时候，大家关注的焦点全放在如何解决燃眉之急。

迪恩·霍尔在 2003 年出版了《结果第一：世界最高效组织的团体训练法则》(*Rangers Lead the Ways: The Army Rangers' Guide to Leading Your Organization Through Chaos*)，这本书将决策类型分门别类，简述得相当清楚：

○ "给我听好，照做就是了。"这是将军风格。当时间紧迫，团队欠缺独立思考的能力以及／或适任能力时，确实效果不错，而且，权威的界限也一清二楚。

○ "这是我的决定，大家有什么其他考虑？"第一种风格的领导人要是有时间倾听，或者要让其他人觉得自己也多少有些贡献，可以采取这种更为包容的领导风格。

- "我还没有做出最后决定，想听听大家的意见。"这种说法已经进入了光谱的中段。适用于团队具备更强的工作实力，有时候，还需要充裕的时间加以配合，才能贯彻决策结果。

- "少数服从多数。"这种风格可能有其缺陷，所谓的"多数"可能只有一个人，却压倒了真正多数的另外一方。

- "等我们凝聚共识。"这种方法相当耗时，因为团队成员的参与程度很高，而且，一定要取得每一个人的同意之后，才能做出最后决定。不过，要是团队成员都很优秀，针对需要历经时间考验的重大决定，这倒不失为一个好方法。专家们通常运用这种领导方式去设计工业流程，科技、工程或是涂漆的组合，都属于这种范畴。

- "将决策授权。"这是种相当明快的领导风格，不过，被指定授权决定的对象必须称职适任、具有丰富经验，才能发挥令人满意的成效。

有的人看起来虽然具备了优秀领导人的特点，却永远做不好，其中一个重要的原因是：担任领导人并非是能力的转换，而是价值的转换。对于处理与人有关的事物，你可能极具天分，不过，要是你天性喜欢独自行动，而且希望独享所有的荣耀与奖励，你当然不可能成为一个优秀的领导人。

我在前线担任了近二十年的情报官，随后又回到总部工作，里面有哪一个部门适合我，谁也说不准，或者，我的归属就是在局长办公室？根据我早年所做的测验结果，可能证明我有一定的潜力，能够从一个贡献心力的员工，成功转换为领导人，不过，中情局不会只根据这些测验的结果，就贸然将某名员工擢升到主管的位置，当然也没有任何私人企业会这么做。事实上，中情局决定将员工升到资深职位，是评估该员工的任务表现，以及长官的判断与评估。中情局测验的主要价值，在于帮助员工建立自我意识，最后，在依据员工表现来评估升职的时候，让测验结果具有佐证的功能。

行为态度的面试、人格测验，以及过往的工作表现，有助于组织评定哪名员工具有领导潜能，也可以淘汰那些根本不该坐到首席执行官大位的员工——搞不好他们连经理人的位置也无法胜任。重要的是，标准化的测验，能够帮助员工个人深入了解自己的工作能力与喜好。

符合标准的新人

如果没有那些处理日常性事务的员工，大部分的机构绝对无法正常运作，这些员工对中情局的重要性，并不亚于在其他企业中，每天早上9点准时出现在办公室，辛勤工作，期待15分钟的休息时间，与每年休假两周的那些同人对企业的贡献。所以，当

情报官与领导人的特质

情报官	领导人
具有重大贡献的优秀员工	具有重大贡献的优秀员工，能放下自我，将焦点转移在别人身上。
可以看到大方向	可以看到大方向，而且与他人共同讨论相关议题。
执行的能力	除了自己的执行力之外，也能营造让别人可以展现执行力的环境。

我在第4章讨论积极投入型的员工的时候，那些无意成为领导人或经理人的员工，并没有被我排除在外，我想强调的是，值得全公司赞许的员工，并非只有那些优秀的顶尖人才，就连在中情局的秘密作战处，也有许多在不同专业领域贡献独特技能的专才，但他们未必要成为情报官。

中情局的情报官必须执行秘密任务，所以一定是最优秀的人才；你需要的明明是能够独立思考，做出良好判断，坚忍不拔且具有自信的员工，为什么要退而求其次，去找那些连在一般企业也称不上高手的人？不过，在找这些人进来工作时，除了提醒他们一定要力求优秀表现之外，绝对不可以利用职业生涯规划或升官之途而随意怂恿，如果你犯下这种错误，等于是让他们走向失败之路。

除了上述讨论的人格范畴之外，中情局要找的人，也必须展现能与人合作的能力；换言之，你要找的是团队的一分子，而非一意孤行、坏了大局的员工。一个人多么聪明厉害，并不重要，能在完成团队任务时，与团队成员分享其热情，这才是一流的表现。如果顶尖人才不能配合团队，极可能会折损团队的工作动力。

最后，如果员工遇到工作出状况，第一个反应是怨天尤人，中情局也不会想要找这样的伙伴；这种有受害者心态的人，迟早会对团队行动造成伤害。

凯文·谢里登"吸铁石文化"的精髓是"积极投入的员工"，他们精力充沛，愿意努力了解公司使命，与组织的价值共存。根据"人力资源解决方案公司"的研究，这类员工具有以下的特征：

○ 忠诚

○ 积极

○ 坚定

○ 因为工作内容而充满斗志

○ 积极正面，能提振他人的士气

○ 乐观

○ 给予同事充分支持

○ 乐意提供优质的客户服务

除了以上的特质之外，中情局对员工还有一些其他的期待，虽然未必适用于企业界，不过，依照职位的不同需求，也许仍有其正面的参考价值。

基本上，中情局想招收能够迅速处理信息的员工，当然，我们没有必要去门萨学会找人，里面的许多高智商天才可能会因为思虑周密、务求面面俱到，导致在决策上踌躇不前。中情局要找的是有实战智慧的员工：能够厘清状况、考虑各种选择，并且火速展开行动的人。秘密行动处的诸多任务没有"学院派的解决方法"，却有许多相当特殊的计划以支持突发行动。这些决策者面临的挑战十万火急，所以他们的脑袋必须以飞快的速度，找出所有的解决方案。

不过，许多包括紧急医疗与执法单位等的业务领域，也要求员工必须具备同样的特质。

招募新鲜血液，助你完成使命

想要有录取机会，候选人至少应有以下基本功：

○ 研究公司与员工，还有其竞争对手的基本数据。

○ 在面试过程中，展现你的研究心得。

○ 言辞坦白，不要夸大先前的工作成绩。

○ 测验时态度坦白，也不要在事后批评面试官。

○ 展现自我责任感；换言之，不要一直将失误和挫败怪罪于别人。

一个录取机会大增的候选人，还要具备以下这些条件：

○ 具备获取这份工作的强烈动机。

○ 充分表达自己的核心能力与职位需求的相符程度，让面试
   官知道。

想要成为较大概率的出线者，一定会尽全力：

○ 展现天赋与才能，但是在完成目标的过程中，不会忽略他
   人的角色。

○ 看得到大方向，而且知道如何与人分享心得，把握时机，
   完成任务。

○ 采取及时行动以达成工作需要，并且帮助别人完成同样的
   使命。

第4章　建立核心团队

安东尼·恰扎科夫斯基（Anthony F. Czajkowski）曾在"国内情报搜集技巧"（Techniques of Domestic Intelligence Collection）一文中说道，"想要让犹豫不定的商人或深感恐惧的外国人改变心意，成为配合我们的线人，负责接触的干员必须具备丰富多样的技能。他必须懂业务，向他的潜在客户灌输这些情报的重要性；他必须是情报官，知道这个社群的需要与分歧；他也必须是心理学专家，以成熟的技巧处理各式各样的人格特质；最后，他还必须是经验老到的记者，将线人的情报转化为简明易读的信息报告"。

就长期看来，找到合适的员工，其实对组织的影响相当有限，除非你能让这些人积极投入；他们必须感觉到，自己的工作确实受到重视。

我曾经提过，吸收与招募是中情局情报官的核心工作内容，这份工作的本质非常有趣，中情局总部也会提供后续的训练与指导。如果情报官需要影响特定国家的媒体，他必须先打进专业人士的领域，然后想办法吸收媒体圈的工作者。这位情报官必须运用计谋，在圈子里安插自己的棋子，所以他每天都要保持敏锐与关注；而与同事共同讨论任务的挑战，也让每一个人对使命产生紧密的依存感。

许多人乐于工作，一如特工注重自己卧底生活的价值，不过，其实有更多的人对自己的日常工作，根本打不起什么精神。根据盖洛普调查的一项数据显示，美国一年所虚耗的劳动力，高达3500亿美元！如果你将这个数据粗略换算成日损的生产力，结论相当惊人。如果家里附近的杂货店一周只营业四天，相信应该没有人会感到开心，不过，这的确相当接近我们所面临的生产力滑落危机。

此外，从盖洛普、人力资源解决方案公司，以及其他数据所得到的统计数据，我们观察到经济活动损耗的另一个现象：消极的员工会拖垮收益率，而积极的员工能够提升收益率；在这两个极端之间，并没有中间地带。

除了营业额之外，我们付出的经济成本，还有因员工冷漠或不满所带来的隐形成本。根据"人力资源解决方案公司"的研究显示，有59%的员工属于"离职不走"型的员工，也就是说，这些人固定领薪水，但绝对不愿意多做一点事，这些人虽然还是在拿薪水，不过其实他们的心早在数年前就已经"离职"了。

这种人还有个称号：看表一族。他们上班偶尔会迟到，不断注意下班时间到了没；除非有金钱诱因，否则绝对不会想要加班；在招收义工时，这些人总是赶紧低下头，希望被叫到的不是自己。根据中情局的《世界概况年鉴》，美国的劳工人口约在1.5亿左右，所以，换算那59%的"离职不走"型员工，约有8850万人，这些人对于拖垮经济倒是贡献卓著，而那些不断提升品牌价值、付出额外的心力、具有生产力的员工，却只占了全部劳工人口的四成而已。

强化员工的投入程度

一般企业的员工与生产力统计数据，并无法反映出中情局的状况：我们的积极型员工比例更高，而且"离职不走"型的员工比例，更是远低于全国的59%。能有这种傲人表现，中情局确实有其独到之处，可供各大企业参考。关键就在于对情报官的职业生涯训练与教育，无所不在。我会在稍后一一解释各项计划。

针对我们的员工之所以愿意积极投入工作，以及训练与教育能够奏效的原因，人力资源解决方案公司也进行了深入研究，发现主要关键在于良性的管理关系、未来的职业生涯发展，以及真正的成就感，也就是为这个国家的安全，奉献一己之力。

不过，在我们开始探讨这些因素之前，不妨先让我们看看赢得"全美最佳雇主"公司的运作状况。《财富》杂志每年都会进行"最大规模的全美企业员工普查"，并且列出全美的最佳工作处所，2009年，杂志针对353家公司、超过81000名的员工进行调查，位于加州桑尼维尔（Sunnyvale）的科技公司——NetApp，晋升到榜首之位；其中原因包括反映公司"务实的管理精神"的诸多政策，以及创新的规划程序。公司部门认为这种独树一帜的操作方式，在未来的两三年即可见真章，现在等于是在写"未来的历史"。

NetApp 管理精神的特色,在于管理阶层与员工的关系相当健全良好,这一点从许多方面可以看得出来。比方说,出差与电信费用的政策就相当合理且具弹性,显现出这家公司尊重员工的判断。他们也邀请员工集思广益,参与规划程序,事实上,这也等于是告诉员工,"就某种程度而言,命运的掌控权在你自己的手中"。在这样的参与过程当中,也蕴含了一种浓厚的职业生涯发展观念,毕竟,哪一个聪明的员工会为自己胡乱写下方向不明的"未来的历史"?

现在,让我们进一步研究这两项重要因素。

投入程度关键一:良性的管理关系

中情局前任局长里昂·帕内塔(Leon Panetta),曾经嘱咐派驻伊拉克的情报官,对于华盛顿的政治口水可以充耳不闻。此举让干员们知道,当自己因为尽忠职守而被大肆批评时,这位长官也感同身受。2000 年春天,他刚刚接任局长一职,立刻飞了将近 5 万公里,亲赴前线与情报官及其他干员会面。新长官虽然只是现身与聆听,却已经为管理关系注入一股积极的活力。

指挥官必须受人敬重、值得信赖,而且能够下达清楚的指令,这些特质能让员工坚定不移地效忠,这样的长官,会让员工想进组织服务,还会强化员工对组织的向心力。不过,糟糕的长官也会让人想退避三舍。2005 年 11 月出版的《今日心理学》(*Psychology*

Today），有篇威洛・劳森（Willow Lawson）的文章，提到盖洛普调查的某项数据结果显示，"与老板关系不良，是员工离职的最大主因。薪水、工时，或是日常工作内容再怎么让人不满，也比不上一个问题主管。员工离职，要离开的不是公司，而是主管"。

新手上前线后，想要进入状态，绝非易事。对包括我自己在内的大多数人而言，必须等到很长一段时间后，才能真正发挥战斗力。如果能够有经验老道的同事带领指导，好处自不待言。当年我刚加入前线工作，身边的同事几乎都比我年长，经验也比我丰富，对于如何执行秘密任务，他们不遗余力地倾囊相授。就理论上看来，他们不算是"老板"，不过就资深程度而言，他们的确等于管理阶层。

针对如何好好挖掘与培养海外的线人，这些同事更是帮了大忙，幸好有这些熟门熟路的专家带我入门；毕竟，发掘线人是何其艰巨的挑战，我并不熟悉当地环境，但他们全是识途老马。当我在执行时遇到各种状况（例如，猜不透别人的动机），我总是会和这些资深同事讨论自己手上的案子。他们教我的方式，有点像是医院的住院医生，通过团队病例会议，培养诊断技巧与治疗的各种方法。在我的学习过程中，他们可以了解我的进步程度，以及接下来应该学习的步骤。

与这些情报官的关系如此紧密，让我的工作质量更上一层楼，工作站也能发挥更大的贡献，而我也得到了深厚的感情支持。中情局与员工之间能有良好的关系，资深同人的指导确实居功至伟。

在某种程度上，中情局已经将这种前辈指导后进的过程予以制度化。这些人未必是直属长官，但我们这些资历尚浅的情报人员，的确从他们的角色与性格当中获益甚多。

当然，健康正面的关系需要彼此的教学相长，这绝对不是资深员工单向付出，让新人吸取知识与智能而已，这个过程的前提是"双方都必须付出"。举例来说，当我出任媒体关系部门的负责人时，有位直属部下曾经当过记者，也在公共事务部门待过；他是我的一大宝库，与我分享了他的许多媒体经验，也提升了我的专业能力。

相信你在经管书里一定看过给主管的许多建议，无论有多少项建议，只要是重视健康员工关系重要性的主管，一定都会逐一落实：他们会亲自走访生产线的厂房，偶尔会亲自打业务拜访电话，也会不定时与各部门会面；很多主管做的还不只如此。最后，他们得到的回报，不只是财务数字，还包括了员工的感情支持。

纽柯（Nucor）是一家产钢与钢制品的公司，年营业额为237亿美元，净利为18亿美元。这家公司的资本报酬率与成长一向表现优异，所以也经常名列《商业周刊》评选出的"全美前五十大表现绩优企业"。不过，在景气极为低迷的时候，依然能够创下报酬与成长的傲人佳绩，这才是这家公司值得大书特书之处。他们没有裁员，但应对变局的薪酬计划，却帮助他们渡过了经济难关。与此同时，虽然整体薪资下降，生产力却依然能够提升。

很少看到有企业能够贯彻其使命宣言，不过，纽柯却是其中之一，在这家公司的官网上，可以看到开宗明义的使命，"纽柯，是由约两万名成员所共组的团队。"该公司的首席执行官丹尼尔·迪米柯（Daniel DiMicco）与首席运营官约翰·费利奥拉（John Ferriola）善待这两万名员工，让公司的业务蒸蒸日上，他们两人也因此收到了数以百计的致谢电子邮件与卡片。

当订单不再出现，或是不断被取消时，想要让公司能够继续走下去，就必须对"团队成员"展现智谋与承诺，光扮演领导人的角色是不够的。原来在生产线工作的员工，或者薪资收入与产能息息相关的人员，为了要"对得起自己的薪水"，纷纷开始投入与生产线无关的工作，许多还是出于他们自动自发的想法。他们开始整理草坪、清扫厕所、在厂房内外进行保养，还有，他们也重新撰写手册，一起想尽办法节省成本的方法。

纽柯传奇所带来的启示之一，就是"景气低迷的时候，千万别把人才当垃圾"。前文曾经提到，雇用好员工的成本，包括了大量的人力付出与金钱投资。在公司赚钱的时候，这一切都不成问题，不过，当经济环境急转直下，员工的下场却是一封裁员的电子邮件。一年前这些人的表现亮眼，让公司有可观利润，那么当公司收入下滑的时候，不一定表示这些人的表现不再杰出。高层主管自己理应通过行动，让企业里的其他员工充分了解到这一点。

遇到经济衰退，中情局也很难幸免于难，不过，这个单位所面临的衰退，多半来自当局认定国家安全的威胁已经逐渐解除，例如1991年苏联解体，冷战宣告结束时。类似的状况也曾经出现在 20 世纪 70 年代，越战即将结束，当时中情局也出现了著名的"万圣节大屠杀"，大量员工都接到了裁员通知的粉红色字条。当年中情局为了应对越战而大举扩张，却突然面临缩编，局长比尔·科尔比（Bill Colby）虽然察觉有异，却把问题留给了继任的斯坦斯菲尔德·特纳（Stansfield Turner），让他动手裁员。不幸的是，执行过程出现很大的瑕疵，造成员工的普遍不满，甚至连不在裁员名单的员工也心生怨怼。

冷战结束，中情局又面临另一波人事缩编，全世界的工作站数目减少，秘密行动处的编制也遇缺不补。当苏联瓦解之后，全美的政府机关也依循这一模式缩减人力，国务院、军方，还有其他与国安相关的单位，全部都面临人事与行动缩减的问题。

这些新措施让员工丢了工作，也让他们与管理阶层之间的良性关系受到伤害，其影响也许很短暂，甚至需要几年之后才会发酵。请他们离开时，你当然可以给他们冠冕堂皇的理由，像是"战争已经结束"或"一切都是经济问题"，不过，他们还是得要卷铺盖走路。如果你能够好好表彰他们的功绩，并且帮助他们离开中情局后，能顺利展开新生活，那么，不只被迫离职的人会心存感念，就连留下来的员工也不例外。这个中情局的经验，一样适用于私人企业。

无论公有部门或私人企业，经理人都必须了解，无论最后应对人力需求的改变而必须做出任何决策，都必须尊重每一个员工的才能与贡献，这是亘古不变的真理。

投入程度关键二：职业生涯发展

绝大多数秘密行动处人员的生涯目标，当然不是成为高级主管，对我们而言，"职业生涯发展"通常意味我们所认知的使命核心。随着这样的进程发展，训练与教育因此对个人生涯产生重要的意义，而不只是工作步调的转变，或是貌似好玩的娱乐而已。

这样的态度，不同于许多公司职员所期待的，尤其对许多只希望在专业精益求精的人来说，"平步青云"已经没有什么太大意义，他们只是想在公司里成为较称职的工程师、计算机绘图员或是理财专员。对某些员工来说，所谓的成功之路，未必是从办公室小隔间移到有窗户的办公室；成功，可能是从一般的项目进化到复杂的项目，让员工可以累积名声。不过，这两种职业生涯发展仍有其共通点：员工想要知道，自己的优秀表现能够带来更具成就感、更富挑战性的机会。

企业可以从军方的职业生涯发展模式当中，吸取到诸多经验。军方与中情局的架构类似，差别在于中情局情报官的离职手续很简单，与民间企业相同。从军方所提供的模式中，员工可以清楚知道即将在某段时间内面临的新挑战；等到执行任务一段时间后，或许，再接受相当程度的训练与教育，员工可能会被升到更高的职位。

无论是美国军方还是军官，双方都很清楚自己会得到什么样的回报。中情局是隶属美国政府的单位之一，所以我们也有升职和加薪的制度，根据不同的"命令"也有相应比例加成。与军方相比，中情局的职业生涯发展变数较多，不过，情报官对未来的职业生涯发展，是可以期待的。然而，对绝大多数的公司高级主管来说，到了某个时间点，就没什么值得期待的了。

所以，在威廉·韦伯斯特法官接任中情局局长之后，立刻发布"接班计划"为重点项目之一，把它列为"人才管理"的其中一个部分。姑且不论名称为何，它所考虑的对象不只是积极进取的员工，也包括了他们背后的推手。接班计划内容涵盖：尽早发掘对组织有卓越贡献的员工，还有，让他们与能够指导他们、提供机会的长官建立互动关系。时至今日，企业界也终于了解，倾注资源去找出值得被栽培的员工，同时让高层管理人员看得到自己未来的职业生涯进程，绝对有其价值。

到职日的重要

要让新进员工投入工作的第一步，就是"到职"，这是与先前提到的"吸铁石文化"紧密相关的核心概念，而秘密行动处新人的到职过程，刚好适合说明这一概念。

有时候我们会把到职过程称作"新员工报到"，不过，它的重要性远大于此。大家以为报到所牵涉的不外是填写税务数据、健康保险、退休账户的表格，然后，人力资源部的员工，或是你的上司或行政部的随便哪个人，会把你带到办公桌的位置，让你开始工作，这种欢迎加入团队的方法，还真是"让人振奋"！不过，现在的思维，已经大不相同了。

中情局知道自己的组织是任务导向，所以要让员工上线的时候产生认同感，不是只有跑流程而已。你怎能让员工一进来立刻发现自己办公桌的抽屉里塞满废纸而且觉得他们不会介意？如果其他人都有通行证，可以自由进出，但新员工却只有一张临时粘贴的名条，要如何期待他们产生认同感？我认识一位在某家大型出版公司服务的资深编辑，她刚到职的前二十天，每天都要以访客的身份通过安检；人力资源部门制作证件的时间实在拖得太长，让她连走进大楼搭电梯都困难重重。

根据人力资源解决方案公司的大规模调查，以下这个数据一定会让大家吓一大跳：每 25 个新进员工中，就有一个人是在到职当日离职。

如果你将心比心，这其实并不奇怪。公司当初煞费苦心把人招进来，但就在上班的第一天，承诺消失了——双方都一样，期待很高，却立刻出现了严重的失落感。所有的新进人员不过是想确定自己做了正确选择，如果这家公司不尊重员工，等于是一大警报。

事实上，只要犯了以下的一项或多项错误，便极可能让双方不欢而散：

❍ 到职的第一天，上司根本没有出现去欢迎新员工与处理报到。

❍ 没有人把新成员介绍给其他同事认识。

○ 新员工的办公位布满灰尘，还有之前的人所留下来的垃圾——还剩一半的便利贴、糖果纸、缠结成一团的回形针。

○ 计算机还没有准备好，或者，虽然准备好了，但没有人给新员工密码。

○ 电话语音信箱里，还听得到给前一名员工的电话留言。

上述这些状况，都有可能引发新进员工的焦虑不安，造成第一天报到就辞职。到这家公司还不到 8 个小时，却已经觉得自己被当成空气，而且公司还表现出理所当然的态度，当然会让新员工心生惊惧，自尊心强烈的人，很可能从此再也不踏进这家公司。

事实上，中情局的新进员工也经常遇见这样的问题，不过，我们要找的人必须能以合理的角度来理解这些小状况，然后专注在自己的工作；中情局的员工不能依赖环境，因为他们经常要在艰苦的条件下完成任务。

现在，请你仔细看一下自己的工作环境，想想有哪些是员工在意的地方。如果你希望招进来的人能为你好好工作，就必须让他从走进公司的那一刹那，燃起熊熊斗志。还有，也别忘了要带新人去吃午餐，庆祝团队有新人加入。

员工的投入程度，也会随着工作周期产生变化。新员工不到一个月很可能就会显露疲态，你一定要想办法克服"热情消散"这个问题。

训练及教育

我认为"训练"和"教育"是两种截然不同的熏陶过程，训练重视的是培养技术，我可以训练你打字，训练你开车，训练你如何开枪射击，但教育提供的却是智识成长的机会；让员工可以深化观察能力，专业表现可以更出色。不过，如果是为了完成任务，仔细思考该如何将打字、开车或射击等技术发挥到极致，也能算是真正的教育。

如果你刚到职，工作就能立刻轻松上手，就职业生涯发展的角度看来，这个职位等于已经走入了死胡同。情报官必须到不同的工作站服务，但基本上的工作内容是一样的，都要吸收线人。软件工程师也会接不同的项目，或者到不同的公司上班，但工作内容也是一样的，都是在设计与研发软件系统。无论是哪一种专业，在处理新任务的时候，挑战的难度或种类应该要有所不同，专业能力才有进步的可能。如果公司希望你有所成就，就会让你得到相关的训练与教育机会。然而，员工常借口现在的工作只是未来的敲门砖，下一个职位一定会好好学习成长；这种借口只能用在一时，但我们知道员工总是年复一年地把这种话挂在嘴上，他们只要领到薪水，就心满意足了。

员工应该对训练充满期待，而公司也应该严肃看待员工的训练课程。良好的训练有助提升人力素质，强化公司的整体战力。训练，不只是培养员工接受挑战的能力，更能借此建立组织文化。

员工也应该要对教育充满期待，他们可以从中习得有关职业生涯与专业的深入知识。当年我在中情局负责训练与教育的执行发展，我不断向干员强调，通过这样的学习而获得的概念与观点，相当难能可贵，很难有机会在工作的过程中得到同样的累积。

只要有持续不断的教育与训练，就可以有效避免所谓的"炒作周期"（Hype Cycle）现象。这个概念是由信息分析公司高德纳（Gartner）所提出，意指在高科技问世之后，生产力将会出现上升期，之后憧憬消失，生产力陡降，接下来是缓步趋升，进入生产力的平原期。就实务的角度而言，如果组织不愿意支持改变，那么，改变也不会从天上掉下来。

中情局通过完善而密集的面试、测验及初步训练，找出达到标准的员工，而这名新血也会感受到自己有了特殊待遇。前线资深干员传授工作秘诀，并亲身指导与训练特工技巧，接触新文化与危险情境，但他们还是有机会可以喘口气，摸索新的概念与过程——这些要素都能让他们深刻感受到自己和别人不一样。中情局吸收新干员进入秘密行动处，并让他们与组织依然保持紧密关系，这套运作方法的设计原理，就是为了避免"炒作周期"的问题。

持续训练的技巧

训练，是中情局员工职业生涯的持续进程，而支持持续学习的私人企业，也等于展现出对于专业发展的重视，他们希望员工能够增加其他面向的贡献。员工可能现在是地区业务代表，但只要经过表达技巧、技术预测、财务分析、编列预算、风险管理，或是其他专长的训练，就能在职场不断进步。持续训练除了让员工了解日常性的工作之外，也因此知道日后希望在公司更上一层楼的时候所必须承担的责任。

员工除了分内的专职训练之外，也应该学习与互补、监督、支持等角色有关的一般训练。我们在中情局会训练"硬技巧"与"软技巧"，我先从概念较易转移到商业领域的软技巧开始谈起。

公司在删除预算的时候，最先考虑的往往就是软技巧的训练课程，对吧？这实在是大错特错。通常大家所持的理由不外乎是，既然公司已经找到员工，也让他拿了不错的薪水，为什么还需要费神去训练与基本功无关的技能？的确有许多主管认为，薪水已经提供了足够的诱因，员工应该要有一百分的表现，也要与同事和谐相处。

不过，主管们必须援引大量的证据来对抗这种偏见，因为所谓洞察人心、引导话题、找出适合团队的决策风格等软技巧，能够对生产力与员工满意度产生显著的正面效果，而高生产力和员工满意度，代表公司一定能赚更多的钱。

此外，还有一种很容易被删除的预算也很不合理，那就是观察员工的各项"主动式管理"步骤。"他们认真投入吗？"只要一个月问他们一次这个问题就好，每个月都问，有助于他们更关注自己的工作，提升自己对公司的贡献。凯文·谢里丹表示："我担任人力资源专家二十年了，看过许多组织短视近利，削减员工民意调查、奖励计划、训练计划的经费，他们把它当成'软技巧'，是人力资源的垃圾。不过，这些直觉式的反应，却没有把消沉员工所造成的硬成本算进去。"

只要通过以下的几个步骤，软技巧的持续训练，一点也不困难。

软技巧的训练：故事的震撼力

以球员与大学教练的双重身份，进入篮球名人堂的约翰·伍登（John Wooden），率队拿下美国大学篮球赛冠军的纪录，至今无人能够超越。大家都知道他会拼命逼球员练罚球，不过，这只是他的诸多绝招之一。现在我要谈的是"讲故事"，请你把我当成约翰·伍登，我会反复要求你练习到炉火纯青的地步，因为，这个技巧真的很有效，最好能够善加运用。

当我拿到 2009 年那一期公布五百强企业的《财富》，正准备要仔细研究按照规模与产业所列出的排行榜，吸引我目光的却是六个属于少数族裔的供货商。文章里可以看到美国少数族裔如何成功创业，写下令人刮目相看的佳绩，我一直等到看完后，才发现这一篇其实是广告，而不是新闻报道。里面的人物包括古巴流亡人士的儿子，还有一位因公负伤的前任警察；这些人的成就让我深深感动，如果我刚好有需求，是否会想要请他们提供服务或产品？现在我知道了他们的故事，自然提高了可能性。

真实的故事会对我们的行为造成深远的影响，也是训练与教育的主要载体。员工通常不太记得讲师到底是怎么说的（或是书本里写了什么），但是讲师的话让员工产生什么样的感受，他们却记得很清楚，这正是说故事所带来的真实震撼力。组织内杰出员工的故事，也能够为新进人员注入一股荣誉感，这样的故事等于告诉大家，组织会培养员工，而且也会予以奖励。

我又想到了切斯利·索林博格机长的故事，他将客机成功安全降落在哈德逊河上，根据新闻报道，他再三确定客舱内的所有乘客与组员都已经逃出之后，自己才离开快要沉没的机舱。当然，他所服务的全美航空，还有他的同事都以他为傲，他的表现不但反映出飞行员的优异技术，也反映出这家航空公司的整体水平。这种故事也可以当作飞行员温习水面降落技巧，以及其他紧急措施的讨论案例。

"讲故事"会影响大家做生意、互动社交，甚至是撰写法律条文的方式。历史上曾经出现过不少让人难以忘怀的说故事范例，其实是出自宣传品。不过，大家可能会将其定义为说故事的负面案例，它们鼓吹的不是荣誉感，而是通过灌输恐惧的方式来煽动群众。例如，当国家开始交战的时候，它们开始宣传敌人的暴行，直指对方泯灭人性。这些宣传品告诉群众，敌人是如此可怕，所以大家一定要起身反抗。

《锡安长老会纪要》（*The protocols of the Elders of Zion*），正是反

面教材之一。这本书充斥着许多谎言，直到今日，其所造成的阴影依然笼罩全世界。书中，一位名叫普尔多·拉施夫斯基（Ryotr Rachovsky）的俄国人，捏造了犹太人密谋统治世界的故事，并归因于："不仅是因为对沙皇高压统治的不满，还有积存已久的其他怨仇"。这本书最早出现在1903年，随后不断再版，被大肆宣传，甚至成为学校里的教材。希特勒把它当成反犹太运动的理论基础，时至今日，它仍然是反犹太运动的主要宣传来源。

不过，也有正面的宣传案例，那就是全国各地大大小小的、记录全国或是当地英雄故事的博物馆。博物馆以展示对象与情境重现的方式，彰显出英雄的事迹与成就，确实有助于鼓舞小区的文化生活与心灵层次。当小学生参观完航天博物馆，并且在多年后取得天体物理学的学位，这才发现，原来早在当年便已埋下了梦想。又或者，他们参观的是国际特工博物馆，十年之后，他们填写中情局的表格，希望能够成为秘密行动处的干员。

故事的其他功能

就训练的角度而言，讲故事可以让人更容易记得基本信息，而就教育的角度来说，员工可以更深入研究重要的决策，并且能在一定的背景脉络下进行分析，了解公司成败的原因。

有时候，故事只是让同事之间的关系更加紧密而已，但如果能够借此建立荣誉感，这种联结也不容小觑。美国陆战队便是说故事的高手，借以深固袍泽之情。你可以进入他们的官方网站，或是到弗吉尼亚州匡提克（Quantico）的海军陆战队博物馆参观，这家博物馆——如海军陆战队，是个充满故事的地方。

我曾经在 20 世纪 50 年代加入海军陆战队，训练教官都是刚从朝鲜战争回来的年轻士官，除了不断叫我们做更多的伏地挺身和持枪跑操场之外，也提供了许多前线的故事；和战场上的勇士们相比，我们的努力显得微不足道。教官一直质疑我们，是否有人够资格成为真正的海军陆战队队员，这也成了我们的挑战。

当时教官所说的故事都非常生动，人物有名有姓，而且情节精彩，比方说，队员在硫磺岛的折钵山顶升起美国国旗，实践了我们的拉丁语格言：永远相信（Semper Fi）！

海军陆战队的故事，在每一个人的心中留下深刻的烙印，我们相信自己也会变成荣誉战士的成员，一如美国早期的建国英雄。神奇的魔力，正蕴藏在这些故事里。

中情局也会运用故事，强化员工与组织及组织英雄之间的联结；军方、运动团队，以及其他具有动人分享经验的团体，也都可以看到类似的手法。

在某些例子当中，可以看到有故事渊源的传统，如今已经成为生活的一部分，比方说，棒球比赛中出现的"逆转帽"——球员在休息区的时候，有时候会刻意将帽子反戴。

中情局也有个故事背景相当特殊的传统，主角是内森·黑尔（Nathan Hale）。英军在独立战争时，将他以间谍罪名吊死，他死前说自己唯一的遗憾，就是只有一条性命可以奉献给国家。这番话也鼓舞了许多在战时从事情报活动的特工。中情局将内森·黑尔的雕像矗立在总部前，偶尔也会充作会议的地点。在绑缚黑尔双手的金属绳上面，或是他的鞋子上，经常可以看到两毛五的硬币，这个硬币的意义在于让人缅怀召唤黑尔、需要黑尔的那个人——乔治·华盛顿，因为币面上有他的肖像。

针对训练与教育的课程，中情局也有许多的"故事教学"，其中多半出现在《情报研究》（*Studies In Intelligence*）上。这份"美国情报专业人员季刊"有分级版本与未分级版本，其中有个展现诱导技巧的故事，是乔治·布尔（George G. Bull）于1970年秋季号所撰写的文章（当时的分类是"机密"，而且还维持了好长一段时间），还有W. J. 麦奇（W. J Mckee）1983年春季号的文章，讨论如何撰写优质的前线报告。麦奇的文章在首次出版时也被列为"机密"，不过在布莱德菲尔德·韦斯特菲尔德（H. Bradfield Westerfield）在1995年所编辑的《中情局秘密世界》（*CIA's Private World*）一书中，已重新编写部分段落。

乔治·布尔在西德工作时，决定写下这份文件，告诉后进的情报官如何发挥诱导技巧。他找出了搜集情报时会遇到的"实际状况"，其中包括了：一、找到和线人说话的理由；二、确定线人的活动范围；三、确定这名线人正是你要的人；四、交谈过程中，要保持自己的卧底身份，不能被识破；五、想办法让这名线人讲出来的话，都是你要的东西。布尔也仔细解释如何运用前线取得的数据完成任务。虽然现在许多情报官都可以写出这样的文章，不过，他却是真正写出来的第一人，而且，他所贡献出的这些故事，的确让新进情报官获益匪浅。

而在麦奇的文章中，他研究的是前线报告的客观性与质量，虽然我们看到的已经是被节录改编的版本，但是我们依然可以得知其重点。这篇文章是很好的训练教材，可以教导学员找出报告里的偏见，以及如何提供可靠、真实、准确数据的各种技巧。麦奇还提到如何在情报的速度与正确度之间取舍的问题。有一次，他和某位内阁官员吵架，双方对于如何传送敏感又紧急的情报争执不下，由于那份资料与该官员当天主导的协商内容息息相关，麦奇最后的决定是"打电话"。

用说故事的方式讲述公司历史

有些企业也像中情局一样，投注资源以记录公司创办人与重要贡献者的知识与故事，不过，会这么做的公司并不多。杰克·韦尔奇（Jack Welch）这个高知名度首席执行官，将其智慧写成回忆录，并且成为员工的建议书单。韦尔奇很重视通用电气公司针对年轻人才而举办的研讨会，他不但会亲自参加，还会公开与他们辩论。这种生动直接的方式，也强化了他自身故事的真实价值——他认为"亲身参与"是领导人角色的关键要素。维珍航空的创办人理查德·布兰森（Richard Branson）爵士，除了自己的事业之外，还完成许多了不起的成就——由于公司与这位表现传奇的领导人画上等号，所以员工也会让人联想到"冒险家"。

故事的影响之所以如此深远，可能是因为它传达出一种"这就是我们做生意的方法"的理念。搜集与撰写这些故事，必须深思熟虑，而非毫无章法，信息也一定要准确无误。许多公司的做法是借用网页来储存媒体的报道与新闻公关稿，借此作为企业故事的藏宝库，这种方式不免失之零碎。虽说这些故事本来就是给外人看的，自然无可厚非，不过，如果主管希望对企业文化与教育人力下功夫，公司一定要在自己的传媒部门投资人才，仔细写出公司成功和失败的各种案例。

对于查尔斯地下工事器具企业、又名"沟神公司"的这家公司来说，要好好做生意，企业故事的讲述是不可避免的事，而且其故事非常有趣。无论你问这家公司什么问题，你不会得到乏味的答案：为什么公司是设在俄克拉荷马的培瑞（Perry）？为什么有一款挖沟机叫作"沟神"？又为什么是橘色的？

我知道这家公司，都要拜吉姆·麦克考米克之赐，他曾经担任国际经销业务会议与国际经销服务会议的主讲人。"这些故事让大家产生共鸣，"他说，"大家觉得这家公司和它的商业伙伴是在一起的，因为他们有共同的传统与回忆"。

弗雷德·比尔斯（Fred Beers）针对俄克拉荷马的早年拓荒精神，进行了一系列的记录，而这家器具公司的某些历史，也写进了其中的《创业一代》一书（The First Generation）。你会因此留下深刻印象，认为俄克拉荷马人无论做什么工作营生，都会觉得"沟神公司"的故事就是自己的故事。

这家公司的创办人是一名铁匠，查理·马萨恩（Charlie Malzahn），不过，真正发明"沟神"的是他的儿子艾迪。对机械与工具充满好奇的艾迪，两岁的时候在父亲的店里出了意外，失去左手的三根手指头。不过，这并没有把他吓跑，他还是继续研究工具（只不过手上的伤残让他多年之后无法服役）。13岁时，他已经发明了许多东西。看过一本讲铸造的书之后，他制作了一个一元硬币的印模，随即开始打造伪币，发送给同学使用。没过多久，当局派人去他家，态度友善地弄坏了那个印模。几年之后，他们又找上门来，因为艾迪在自家车库屋顶上架了探照灯，运用遥控器控制灯光来照射邻居或是飞机。算他倒霉，邻近有空军基地的飞行员经常夜航，政府很担心这些灯光是特工搞出的花样。

艾迪取得了机械系学位后，有次看到当地几个水电工人以手持铲或锹的方式辛苦挖沟，他因而动念，在1948年发明了"沟神"。他的发想是拿几个铲头排成一行，再以此为基础，让概念更完整可行。他心里惦记着那几个工人，一心想要研发出低成本的挖沟机，可以有效挖掘俄克拉荷马的紧实黏土。

"为什么'沟神'是橘色的？"这已经是公司访客最常问的前十大问题之一了，艾迪对此也有故事要说。起初他想把公司的另外一个产品上色，以红漆覆盖黑铁，提醒使用的人要注意安全，不过，红漆的效果不好，艾迪向卖漆的人抱怨，老板又给了他另外一个品牌的红漆，但还是发生一样的问题，老板十分懊恼，改给他一罐橘漆，"试试这个颜色吧。"效果果然好多了。等到他设计出"沟神"的时候，他继续使用橘色，因为他懒得清两次喷枪。所以，虽然这家公司的产品一直是以黄色为主色，"沟神"却是例外。

听完艾迪·马萨恩的这些逸事，你有什么感想？这家公司的价值包括了好奇心、竞争力，还有明快的解决方案，而早自创业之初（爸爸的当家时代），艾迪就一直展现他的冒险性格，运用他的想象力把握每一次商机。吉姆·麦克考米克曾向这家公司的经销商仔细解释，这种智能型的冒险，可以带来可观的报偿。

讲故事，会比谈公司使命更生动有力，因为使命的文字叙述（如：诚实、正直、勤奋）通常是抽象而模糊的字眼。故事为这些概念注入了生命，因为的确有人将其付诸行动，除此之外，故事也能展现魔力，让品牌的意义更加丰富，有助营造企业的"吸铁石文化"。

体验式学习

情报官就像是橄榄球里带球突破的球员，想要达阵得分，必须随时临机应变，在瞬间做出即时的判断。训练固然是必要的，但这些判断的基础，更依赖事前累积的基本技巧和体验式学习。

举例来说，如果中情局的员工必须外派到其他国家，就要接受外语的训练。谍报技巧训练（Tradecraft training）也是让员工深入"禁区"的体验式学习，他们必须在持续被监控的状况下，执行任务（就情报体系的角度而言，所谓的禁区，就是指敌意国家）。也就是说，这个国家会派人进行 24 小时无休的紧密监视，无所不用其极地阻挠干员的活动。禁区国家包括以往的东欧诸国，现在则是伊拉克之类的国家。这个训练课程涵括秘密联络等其他暗中传递情报的技巧，以及如何顺利摆脱跟踪，学习角色扮演，或是如何以卧底身份进行人际互动。

开车，也是谍报活动的训练项目之一，它与许多技能一样，都需要身体的灵活配合与明快判断。中情局固定准备一批二手车，专门训练干员用以自卫的驾驶技术。这个训练不仅能让干员在面对威胁时，能有敏捷的身体反应，也会知道如何迅速找出逃逸路线，或是判断攻击者带来的威胁等级等。

当情报官遇到事态没那么严重的其他状况，都可以直接应用以上这些心理与生理的训练技巧。比方说，如果你已经做过情境练习，必须在可疑车辆朝你冲过来的时候，做出生死一瞬的判断，那么，无论你以后要做任何决定，与那些从来没有经过压力测试的人相比，你一定能更加敏捷灵活。

培养这种心理技能，也有助于商界人士在面临重大危急时，做出适当决策。所以，体验式的训练课程能让未来的领导人才，在日后职业生涯中、必须做出重大判断的时候，具备万全的准备。举个例子，沃顿商学院提供了"领导力冒险"的课程，把硕士班的学生带到世界的高山峻岭，面对诸多的不确定状况，他们必须对自己的决策完全负责。指导员普里斯顿·克莱恩（Preston Kline）

会分析学员们面对状况时的类型，是选择战斗、逃跑，还是无法做出任何反应；他也能帮助学生进一步了解，在未来担任公司主管的时候，是否能够承受压力。

曾在美国特种部队游骑兵团从军的迪恩·霍尔（Dean Hohl），创立了一套名为"领导概念"的企业训练课程，能以真正的特种部队的作风方式，学习到团队合作、领导与沟通能力。这套训练的重点在于模拟战时的严苛挑战，逼迫学员在回答某些问题时，必须尽快做出反应，尤其是与个性、情势有关的问题。比方说，

针对个性的提问是：

○ 你有什么样的天赋才能？
○ 最厉害的感知能力？
○ 遇到压力的表现如何？

针对情势的提问：

○ 现在手边有什么明确的资源？
○ 有多少时间？
○ 谁是你的战友？
○ 谁想要看你中箭落马？

这种紧凑训练的目的，是为了让学员在面对职场"生死之战"时候，可以展现更高的效率与信心。就生理体能的角度来看，这种野战体验与商场厮杀，并没有任何相似之处；不过，两者仍有其相通点：有限的资源、共同的目标，以及在极大的压力下完成任务。

　　迪恩把学员带入肯塔基州的森林里面，让他们穿上迷彩装，为他们准备军粮及难以安眠的就寝处，然后给他们彩弹枪，让他们保护自己的食物、住所，以及自身安全。在四天的任务中，有些任务相当紧张刺激，例如，如果你到不了补给帐篷，就拿不到当天的食物等。

　　这个训练的主要目的，是要让这些学员回到职场时，能够培养出全新的观点。迪恩希望他们能在看待自己同事时有这样的体悟："我看你的角度不一样了，我知道你比之前的我还好，虽然我可能不像以前一样那么喜欢你，但是我更了解你，我们荣辱与共，重要的是，我知道要如何与你共事，顺利完成任务"。

　　这种体验也可能会产生相反的感受。在这样的体验式环境中，总有人觉得同事的行为让人讨厌，因为他们认为那个人"理应如何如何"，不该出现眼前的负面行为与态度；就像一个在职场中不愿聆听别人意见的长官，到了"领导概念"训练营的时候，无论他的角色是"士官"或"士兵"，他也依然听不进别人的意见。在迪恩的野战训练中，学员的角色相当多变，在某一任务中可能是领导人的角色，但下一个任务时又成为普通的士兵。这种角色的转换方式，与中情局的体验式学习一样，同样能够刺激思考的灵活度、自我意识，以及不同的观点。

角色扮演

在跳伞人员正式演出队形跳伞之前，他们会先趴在地上做地面练习，预演所有离机前的动作。他们靠近彼此，抓住隔壁跳伞人员的跳伞包，然后，继续排演下一个队形，预先体验空中表演的一分钟过程。地面练习等于是角色扮演跳伞人员——让你的身体通过演练，产生制约反应。

中情局也有许多角色扮演的练习，用以训练新进干员的技能，"情报官"的角色扮演就是训练的一部分，其重要性与跳伞人员的地面练习是一样的，两者都充满了压力，还有"务必成功"的严格要求。

企业员工也有许多类似中情局干员与跳伞人员的工作要求，只是程度不一样。不过，当有人建议员工投入角色扮演的练习时，他们却心生抗拒，认为"只是在演戏而已"。事实上，角色扮演的确是能提升表现的训练工具，它可以在员工作简报或参加会议的时候发挥功效，缓和被拒绝的恐惧，就算真的被拒绝，也能舒缓情绪。

角色扮演的步骤一：练习你的核心角色

中情局情报官在前线工作时，需要扮演多重角色，所以他们必须成为演员。对企业员工来说，持续培养同样一种能力，固然有其优势，不过，如果他们执着于同一个角色，恐怕就要变成劣势了。

有些公司主管在与配偶或是子女相处的时候，依然摆出首席执行官或是首席营销官的样子，当然，如果在公司里用"妈妈带小孩"的方式与员工相处，也是有欠妥当。如果你在安排小区大扫除时，依然表现出在公司工作的态度，那么，你就是把自己的角色弄混了。如果你和自己的配偶聊天时，看起来像是与会计部门的主管在讲话，这也是搞不清楚自己的角色。

由于秘密行动处干员所扮演的角色相当特殊，所以他们必须以专业演员的细腻程度，进行全力模拟。他们一再演练，让自己熟悉自己的故事背景、行为风格、服装，以及其他的外在元素。当我派驻海外时，偶尔也要考虑从事非法行动以完成任务，不过，当我一回到美国，我立刻会将自己的生活恢复成守法的好公民。我的角色必须分隔，行为必须要有分寸，无论在任何地方，都能有适宜的举措。

某些具有相当实力的人，在职场上却很不如意，原因在于，他们不知道配合环境的角色扮演其实很重要，或者，他们其实缺乏这种扮演的能力；而有些人则是从头到尾都不肯尝试。

如果主管想要提拔某名员工担任管理职位，但是这个人却从来没展现出管理风格，那么主管就应该要注意了。有一天，局内正在举行全天的商业模拟课程，所有的学员都必须在某家虚拟工厂里扮演某个角色，我也是负责的团队成员之一。有位中情局的同事唐恩来找我进行咨询，他先问当天的表现成绩，然后又想知道自己的职业生涯未来。他是一位工程师，知道自己的实力与许多资深前辈不相上下，但是他似乎就是没有办法突破瓶颈，无法继续高升负担重责大任。我告诉他，团队成员注意到他在当天的练习中，的确能在会议桌上展现渊博的学识，但他的行为一点也不像他梦想中的那些资深主管。

我给了他一些建议：想成为那样的人，就仔细观察他们的行为举止，看看有哪些行为适合仿效。换言之，你未必有机会成为高层情报主管，但是至少举手投足可以有模有样。

几个月后，我又看到了唐恩，他走过来告诉我，上次我所提出的建议，是他有生以来听到的最佳忠告。总之，无论你想成为什么样的人，照着学就是了！还有，务必谨记在心的是，单纯的仿效，绝对不是万灵丹，你还需要专业手段去进行表演。

与特工的世界一样，企业界也会出现糟糕的演员，这种人又可分为两种类型：知道自己该演什么样的角色，却力有未逮；或者，过度认同角色，"住在"盲目延长的幻想情节里。比方说，我们曾经看过许多员工以悲剧终结职业生涯，因为他们以为自己是兰博——这种情况就是假英雄的仿冒者。

在特工与企业这两个领域当中，比较常见的糟糕演员都是演不好的人，他们知道自己应该有什么样的行为举止，但就是演不出来。举个例子，我们在华盛顿特区总是可以看到一种人，以前担任军官，现在被某家公司找去当业务代表，进行游说和管理合约。假设他要面对的是"自己人"，这是他的优势，让他可能有机会进门谈生意，但是当他进入会议室坐下来之后，他居然恢复成不苟言笑的军人本色，完全忘记自己的角色应该是个要进行销售、说服及协商的专业人士。

不过，还是有办法可以帮助这些人，如同我们协助新进的秘密行动处干员一样。这就像是演员完成试镜及分配新戏角色后所得到的协助一样，在中情局，我们称之为"角色扮演"，演员称之为"排演"，而在企业界，通常就只是称为"指导"。

在中情局，角色扮演是命令，在一般企业，如果你有角色扮演的机会，那算是你走运。

我认为许多企业都没有协助员工学习扮演角色，借以认识自己、训练新的行为态度，因而造成许多原本有机会表现的员工却屈就在较为低阶的职位。他们无法展现出最佳的一面，因为公司重视的是专业分工。不过，如果只是这样的话，还没那么糟糕，坏就坏在公司重视专业的程度，就像蚁窝里的蚂蚁重视分工一样。如果状况持续下去，企业里的基本成员就会像蚁窝的成员一样，开始出现基因突变，只能做某一种特定的工作。这或许有些危言耸听，但这两种模式的确非常相似。

由于企业过度重视专业分工，经常只愿意把资源投注在对与员工工作内容直接有关的部分。你明明是工程师，想要学网络营销？抱歉，既然你是工程师，就好好专注在你的本业吧。对企业的长期发展而言，这是很不恰当的策略。

角色扮演的步骤二：发挥角色扮演，达阵得分

角色扮演是培养专业的重要核心概念。这不是在伪装成别人，而且，从商与从事特工活动，还是有其相异之处。在企业界，你要练习的是不同的角色，首席执行官、首席营销官或是柜台人员，而不是演练什么卧底身份。

这里有两种角色扮演的方式，可以让你得到成长的机会：

○ 学习扮演更高职位的角色——无论向往什么职位，努力吸收这个角色的特质。

○ 学习求胜之道——整合研究能力与人际关系的技巧，以便在进行口头报告与协调磋商时，能够胜券在握。

有位同事曾经与一位年轻女孩共事过，她高中一毕业就来担任秘书工作。她非常机灵，许多需要动脑的挑战，也难不倒她，不过，这女孩的打扮依然像个高中生，她会嘴里嚼着口香糖，对着办公室访客热情喊"嗨"，仿佛把他们当同学一样。我的同事知道说实话会有风险，可能会让这女孩没面子，但他还是讲出来了，"如果你维持这样的穿着打扮与行为举止，你永远不可能坐到更高的位子"。这女孩一开始很恨我同事，但她也改变了穿着和态度，然后，她开始步步高升。二十年过去了，年轻女孩已步入中年，

在某商会担任要职。

另一个朋友负责训练新人当业务，他提醒新人，务必注意客户的特质和需求，以及拜访电话的重点。一开始，他会找其中一名学员去扮演潜在客户，他交代这名学员，等一下进去"开会"的时候，要装出满怀心事的样子——另一半想离婚，血气方刚的小孩这礼拜刚被学校退学，打网球的时候背伤复发，然后，和想离婚的另一半大吵一架之后，他借酒浇愁，现在还有一点宿醉未醒。

结果，扮演业务角色的人总是会得出"客户不喜欢我"的结论。会议的焦点本应在于潜在客户的真正需要与艰难的处境，但业务认定对方之所以焦躁不安，是因为兴趣缺缺，最后归咎于是"自己的问题"。我在第10章"说服的进程"段落，会进一步解释这种会议的效果，不过，这里的重点是通过角色扮演的过程，可以提升员工注意别人——关乎你的成败的那一个人。

其他的动脑技巧

角色扮演是一种动脑技巧，在其他的自我培养训练中，也可以看到不同的动脑技巧。中情局所培养的软技巧未必保证能取得赢面，减轻压力的影响，不过，有了这些软技巧，的确可以在高压的环境下，取得特殊优势。

如果你想消弭影响工作表现的负面因素，那么以下的三种积习，一定要想尽办法根除：

○ 还没有接下挑战，就开始找借口。这简直像是选手还没开始跑马拉松，就开始抱怨"今天脚踝酸痛"。谁会相信这种临阵脱逃的人？

○ 在开会、报告，或是其他要求非常表现的场合中，一再检讨错误。即使员工出现状况，或是回答得不够好，也应该让他们继续进行下去。

○ 遇到棘手状况时，觉得自己一定会有麻烦。你注意到老板神色不安，或是自己在演讲某一主题的时候，发现底下有个专业听众的功力远超过你的十倍以上。一旦你受到影响，听众也会对你失去兴趣。

波兰上校理夏德·库克林斯基（Ryszard Kuklinski）为美国提供秘密情报，时间长达九年之久，在这段时间内，他定期与波兰和苏联当局开会，但是表面上依然得保持沉着镇定，佯装忠诚不贰。作家本杰明·威瑟（Benjamin Weiser）在他所撰写的《秘密生活》（*A Secret Life*）一书中，对此有精彩细腻的描述。库克林斯基应该深谙此道，但他依然担心自己是否会不小心泄漏出蛛丝马迹，他的每一步都胆战心惊，因为他知道自己随时可能被判刑与处死。到了后来，他还请中情局的联系人给他自杀药丸，还安排好自己与家人的秘密逃亡路线（这就是开溜计划，等于把某人偷偷摸摸送出国）。不过，他的全力奉献并没有因为恐惧而受到动摇——他一心只想让波兰脱离苏联的控制。

库克林斯基的确有千千万万个正当理由，担心自己的行为突然败露，许多人也都有类似的担忧，只是状况没有这么生死攸关。有些人一遇到口头报告，就会吓得全身颤抖，还有人听到要走进全是陌生人的房间，也会害怕不已。这种恐惧会引发另外一种恐惧——失败的恐惧。

失败的恐惧并不会削减员工的价值，我们的建议是，投注资源，以求培养员工完整的专业能力。与职务直接相关的技巧训练，的确能产生莫大的帮助，不过，为了增加大多数员工的贡献价值，以及保持最优秀员工的一级战力，在教导与训练的同时，你也要睁大眼睛，看看哪些人能够帮助你达成使命；不只为当下，更要看未来。

进修教育提升分析能力

中情局里有两种主要进修教育方式，是有关接触情报体系其他领域同事的日常工作内容，以及深化自身领域的专业知识。这些体验提升了情报官的分析能力、拟定应变计划的敏锐度、灵活解决问题的能力，以及其他批判性思考的诸多面向。

打破分工藩篱

中情局里的信息经过谨慎的分门别类，所以员工只能接触到自己需要知道的部分而已。随着职位愈来愈高，需要知道的信息也愈来愈多，因此，藩篱的范围也愈来愈大。在中情局，为了打破分工藩篱，或者，就许多企业的术语来说，"请员工走出自己的谷仓"；我们会提供员工"中年职业计划"。这个时间点非常重要，因为这个阶段的员工位居中层，而且通常被当成未来高层主管的储备人选；这很可能是他们第一次接触其他领域员工的例行性事务。

在中年职业计划阶段，员工必须在组织里的其他部门进行学习，也会通过接触情报体系里的其他单位（甚至是私人企业），进一步拓展解决问题的思考能力。中情局的不同员工需要依其专门领域而提出各式各样的口头报告，受训学员也必须向整个团体简报自己的训练，这个简报的内容来自员工所参与的团体通常会去参访私人企业，学习他们的招雇、管理、绩效评估，以及其他可以适用于自身工作范围的实务内容。洛克希德（Lockheed，航空制造商）的主管或是星巴克的经理，是否有某种沟通技巧或行政处理方式，可以让我们遭遇相同问题时，找到更顺畅的解决方法？这种浸淫在企业经营里的方式，是员工职业生涯发展中既定的一部分，也是中情局成效最为卓著的教育类型之一。

在课程中，学员必须向大家口头报告自己的职务内容，比方说，情报官会明白科技部门的人每天做了哪些事，会计部门的主管也会了解一线的运作。我曾经亲耳听到员工这么说，"这真的是我上过最有价值的课程了"。无论是中情局或是其他的企业，员工都习惯待在自己的范畴里工作，因此这样的训练方式，的确可以提供他们更宽广的视野。

私人企业如果无法打破分工藩篱，会造成什么结果？玛丽安在华盛顿的某个游说团体工作了七年，在这段时间内，员工总数大约是 30 到 36 人不等，虽然是个这么小的组织，却明确划分出三个"事业单位"：游说部门、统计部门和法规部门。玛丽安的职位相当特殊，她要负责这三个部门的协调沟通，除了她之外，也只有负责会计和人力资源事务的那三个人，必须处理这三个部门的事。他们不管其他部门的问题，就算对方有优异表现，也不会予以喝彩。在参加公司规定的员工旅游时，大家会共享马铃薯沙拉，不过，场合变成公司派对时，这三组人马还是各据一方。公司里各单位之间的藩篱，有其实质上、功能上与心理层次的各种意义。后来，他们愈来愈趋向独立运作，演变到最后，他们等于是"付租金"给母公司一样，三个单位在办公室里有各自的区域与工作区——这固然对工作很方便，但彼此的互动也更少了。最后，很可能会让他们分道扬镳，而结局也的确如此。

经验的交流，不只是训练的交流

除了中情局之外，也有愈来愈多的私人企业，让深具潜力的员工接触各式各样的工作经验；这种跨文化的教育方式，的确能让员工与公司双方都得以受惠。

从员工的观点来看，跨文化的教育方式有以下优点：

○ 是拓展个人职业生涯历程的要素之一。

○ 是动力的来源，员工可以在这样的过程当中，更了解未来的蓝图，也能进一步掌握公司是在进步或是退步。

从企业的观点来看，跨文化的教育方式：

○ 可以看出工作的哪些面向会让员工充满活力，或是欲振乏力。

○ 可以激发出优秀人才与团队的最大能量。

除此之外，组织还可以看到跨部门沟通的效率愈来愈高，在完成组织工作目标的过程中，内部的协调整合能力也有所提升。

金融机构运用经验交流的方法来促进职业生涯发展，早已行之有年。员工在一开始的时候，可能是担任理财专员，随后又转做消费信贷，做房贷，接下来又做房地产投资。员工接触过这些业务之后，对于接下高层职位的重责大任，也已经做好万全准备，最初是店经理，之后就是接掌区域经理。

中情局针对高层员工的升职，还有一个更新的做法：安排他们到情报体系的其他单位去上班。对一个一直待在中情局的人而言，也许转入联邦调查局一段时间之后，可以拓展他的视野。这不仅是熟悉围墙外的世界，而是一种让工作经历更加完整的实质体验，更是进入中情局高阶位置的敲门砖。

其实，自从美国政府设立高阶文官制度（相当于情报体系中的高阶情报主管），员工在理论上可以派驻任何地方，担任资深官员或是经理人——不光是中情局，政府各单位都是如此。其中共通的概念，在于要找出文化之间的不同，寻求解决之道，而非与其对抗冲突。

我接触过某家经营个人消费用品的跨国企业，他们曾经在一种个人保养产品上实行这种方法，效果相当不错。他们把生产部门的代表送进营销部，在里面工作了好一段时间；如此一来，彼此更加了解对方的运作模式，双方最后也更能站在消费者的立场，共同讨论此一产品。

中情局自 20 世纪 80 年代开始，陆续创设了好几个名为"中心"的官方单位，例如"反恐中心""情报中心"以及"反扩散中心"。虽然这些中心归中情局管理，但是里面却有许多其他情报体系的干员，其功能在于引入他们自身组织的专业与知识。所以，当我们一接获有关恐怖主义活动的前线报告，反恐中心里的联邦调查局代表，就可立刻判别这一情报对联邦调查局的价值，并且通知所属的相关单位密切注意；而中心里的国家安全局代表，也能发挥类似的功能。

总之，将情报体系里各单位的人员调派到中情局的中心之后，对于"重要情报"的辨识与传递，产生了莫大裨益。派驻到中心来的其他单位成员，等于是来中情局从事特工活动的——当然，这是正面的意思——因为他们必须知道中情局是怎么运作的；而在这样的过程中，他们也贡献了自己的专业与知识给中情局。

在"9·11"之后，全美出现了中央与地方的联合中心，整合来自地方警察单位、移民局、联邦调查局办公室，也许还有地方政府的资料。大家都同样担忧恐怖主义的各种活动，所以愿意共赴使命，国土安全局也在全美半数州的联合中心部署了情报官，除了担任协调讯息流通的角色之外，也可以提升地方对安全议题的意识。

情报员上学去

海军上将斯坦斯菲尔德·特纳，在 1977 年到 1981 年初担任中情局局长，在这段时间，一种为资深干员设计的所谓"学院""资深人员研讨会"或中情局大学（CIA University）的概念应运而生。特纳在进入中情局前，曾经担任罗得岛新堡海军战争学院（the Naval War College）的校长，当他刚进去学校时，发现全校充满了乡村俱乐部的气氛，他吓了一大跳。这些学生到校之后，写点报告，打打高尔夫球，然后慢条斯理地享受丰盛的午餐。他认为这所学院应该是培养未来军官的地方，就像是宾州卡莱尔的陆军战争学院（the Army War College）一样，学校里要有纪律，也要有专门课程。他面临的抉择是，该慢慢加重分量？或是真正来场一夕之间风云变色的闪电战？最后，他选择了闪电战。学生没办法继续打混摸鱼，开始拿起书本，认真写论文。

特纳到中情局任职的时候，发现员工缺乏军校里重视的经验交流。虽然都是中情局的员工，但科技部门的工程师和秘密作战处的情报员，对于彼此的工作挑战与贡献却所知无几。军校的课程设计，在于提供中级军官严格的教育训练，让他们能够在日后担负更艰巨的责任，所以特纳希望能为情报干员设置一个类似的机构。

当时，中情局局长主管整个情报体系，不过特纳决定只在局内做这个试验。第一次推出的课程设计，是将十多名员工分派到为期9个月的"资深人员研讨会"，他们除了研读之外，也要参访各大企业，学习可供借镜之处；研讨会还延请包括外交专家、学术人士、资深军官，以及其他知名人士等客座讲师。（特纳卸职之后，这个实验也随之结束。）

数年之后，中情局继续发展训练情报干员、分析人员，以及其他员工的进阶课程。最后，等到乔治·泰内特（George Tenet）接掌中情局，也终于发展出了中情局大学——类似当年斯坦斯菲尔德·特纳所提出的远景。其中包括秘密行动的训练中心，还有负责情报分析的肯特学院（Sherman Kent School）。

在"9·11"事件调查委员会的建议下，美国情报体系进行结构重组，政府随即下达一纸行政命令，原来监管情报体系的中央情报总监（通常就是中情局局长），之后改由国家情报总监接任，中央情报总监这个头衔也宣告消失，中情局局长自此只掌管局内业务。在全新的国家情报总监体系当中，有一个类似军事战争学院的机构——国家情报大学，也于焉成形。自此之后，整个情报体系向军方看齐，针对资深干员的进修教育同样不遗余力。

反观各大企业，并没有像以前一样慷慨，他们以往会对中层管理人员进行教育投资，但惨痛的教训显然让他们因而却步——在20世纪80年代，许多公司发现这种投资很难有理想回报。中情局当然不可能放任新秀离开工作岗位两年，只为深造求得学位，但先前确实有企业砸下此等手笔。有时候这也算是薪酬的一部分，不过，当这些员工顶着硕士头衔回来，发现公司没有具吸引力的职业生涯发展在等着他，难免会大失所望。这些人很快就会挟着自己的工商管理硕士光环，转身离去；只要其他公司赏识他们的专业能力，通常可以跳槽高升。

有太多的企业主管以为给了员工一个学位，等于是真正的奖励，但在员工取得大学或硕士学历之后，主管却没有提供员工相对的挑战与成长机会。另外，这种计划之所以失败，还有另外一个原因。念书，等于让员工与工作脱节，许多企业的变化脚步极其快速，等到他们完成学业，公司内部已经发生了剧烈变化，生产线大不相同，市场环境、管理方式，甚至连企业文化也都和以前不一样了。

虽然过往的教育模式可能行不通，但是换成了训练制度之后，也未必是个如意算盘。将重点放在特定的工作技能，而不是应对商业议题的批判性思考与宏观视野，固然可以让这名员工对公司提供稳定的贡献，但恐怕也仅止于此了。

于是，中情局利用学长指导制度，作为进修教育的重要一环，愈来愈多的公司也发现这种方法所带来的好处，其实与正式教育的效果相同。

我们没有办法和私人企业一样，请来专业指导进驻公司；虽然我相信这的确能让员工接触到许多概念，无论是对个人或是职业生涯都很有帮助。中情局模式的重点，是以一对一的方式，让相同领域的前辈指导后进。一对一指导的费用不像念个工商管理硕士那么惊人，却能产生更可贵的价值，在这样的指导过程中，员工也许会因为受到启发，不惜花自己的时间与金钱，准备进修大学或硕士的课程。

虽然企业经常提供许多难得的教育机会，但我发现许多中层员工不但错失良机，甚至还对其产生误解。就像营销部门的人员会被派出去参加会议与展会，只要他们愿意抓住每一个学习的机会，这些地方都是很好的教育平台。通常最为人所低估与误解的教育方式，就是听演讲——你的一身知识与技能，就像火药，而一个能够激发斗志的优秀讲者，就是帮助你点燃火药的火光。

中情局与企业的进修教育与训练

要维持员工脑内的细胞不断燃烧，并且想办法设计一套解决方案，以避免出现"炒作周期"现象：

○ 让员工在一开始就接受前辈的指导。就算适任人选在前几天无法下场指导，也要确定有其他负责的人和资源，可以帮助新进员工对公司使命产生认同感。员工对工作的态度是投入或是消极，在进公司的那一刹那，已见分晓。

- 员工如果对公司有卓越贡献，一定要将他们的故事变得精致动人，还要不断讲述，甚至让它成为公司体制的一部分，也不要忘了强调，为什么员工对组织如此重要。

- 重视体验式学习所培养的可移转性技能，绝对不能删减这种训练的预算。

- 清楚了解自己在特定环境中所扮演的角色，可以带来一定的优势，此外，通过角色扮演，也能提升人际关系的技巧。

- 恶习必定招致恶果，训练员工找出自身的恶习，予以根除。

- 如果员工因为职务需求，必须了解其他领域同事的工作情形，公司就得正式安排跨界的交流学习，不要草率行事。

- 运动员进行跨领域的训练交流，可以提升表现；员工进行跨领域的交流，也有同等效果。了解某人的工作内容，可能无法对你产生直接帮助，不过，这种方式却能带来全新的启发和"原来如此"的惊叹，行事也能更加面面俱到。

- 阅读历史，研读理论，研究英雄故事，并且阅览专业书籍与期刊。充分利用现今媒体的各种海量数据，像是网络研讨会，或是其他的社交网络，只要能够对职业生涯发展有帮助，每一个机会都不要放过。

其实，中情局的操作方式与企业界没什么太大的不同，只不过企业界较少从事需要遮掩的工作。

双方的下一步都是分析，"信息的哪一个部分可以直接呼应我们的基本需求？""哪些部分需要证实？""这个信息是否合情合理？"等，都是主导分析过程的关键性问题。然后，你的公司生产出某项重要的产品或服务，提供给客户使用；中情局也将情报以报告的方式，呈交给我们的重要客户——美国总统或特定的决策专家。所以，情报是中情局与其他情报单位的主要产出物，为了完成送交产品的工作，我们一再重复这个周期。我们的客户进行决策与判断之后，拟定新的需求，所以我们又回去搜集信息，根据最新任务内容来进行重新部署。

在第二部分的章节中，我们可以看到中情局的决策过程，不过讨论的重点在于其与商业领域的类似关系，其中的基本步骤如下：（一）我们的产出过程与大多数的企业一样，以准确、及时、客观的准则完成产品并交给客户；（二）完成任务之后，再重复这一情报周期。

如下页图表所示，情报周期的三个阶段是：

一、搜集

二、分析

三、传达

将准确、及时、客观的信息提供给决策者，是情报单位的特色；向权力当局报告事实真相，是情报体系的重责大任。对于我们的工作内容，大家多把焦点集中于我们是如何取得信息，不过，让我们暂且放下这些秘密行动的运作，先仔细研究行动后的产物。

当产业分析师提供公司商业情报时，内容应该要准确、及时、客观，必须让组织顺利完成决策；我要强调，是"必须"，而非"应该"。因为如果企业界所使用的"情报"之意义与中情局的一样，那么，其信息所涵盖的内容，不会只有统计数据与原始数据，而是要找出信息间的关联处，去芜存菁，才能让信息产生附加价值。

中情局与企业的情报周期

中情局	各大企业	阶段
运用线人、科技、新闻报道等渠道，加上从事秘密行动，从其他国家搜集信息与跨国性议题。	从顾客、潜在客户、商展观察、新闻稿等人为信息来源，搜集市场信息。	原始资料
分析资料，准备提供给客户（美国总统）最重要的资料，助其做出完善的决策。	评估信息的重点，在于这一产品或服务完成之后，能否让公司取得优势，满足客户的需求。	进行装配
传达给总统与其他关键决策者	正式发布产品或服务	任务完成

中情局的情报，除了内容要有意义之外，另外一项关键，就是其保密性。各个情报搜集渠道取得资料之后会送交分析人员，这些专家可以接触所有的情报搜集信息。而情报官还会搜集其他渠道所搜集不到的信息，例如在网络或是外国新闻媒体上的数据，将这些秘密资料以其原始形态送交中情局分析人员；可能是"独立"的情报项目，或是与其他搜集渠道的情报资料整合。

　　符合商业情报条件的信息，应该是非公开来源所取得的数据，而且是专门为客户所量身定做。如果有产业分析师将这家公司的"商业情报"以5000美元贩卖，而竞争对手也可以用同样的价格购买同一套数据，那么，它充其量只能算是"商业观察"或"商业信息"，称不上"商业情报"。中情局的情报经过集体评估判断后，要是不符合准确、及时，以及客观的准则，也就等于宣告"任务失败"。

第二部分　情报的搜集、分析与传达

中情局的情报周期，与企业的战略规划周期是一致的概念。一开始先设定基本需求，然后开始运用以下几个主要方法，努力搜集信息（也就是情报的基本材料）。情报主要有四大来源：

第一，人为情报，或说是由干员提供及时、准确且客观的信息。这种情报除了以秘密行动的方式取得之外，别无他法；

第二，信号情报，通过拦截电子或其他信号所取得的信息；

第三，影像情报，意指以侦察卫星所拍到的影像数据；

第四，从公开来源所取得的情报。

第 5 章　搜集情报的困难与技巧

对美国国家安全造成真正威胁，或可能造成威胁的所有信息，美国政府都必须知道，这也是中情局之所以存在的原因。这个单位的业务内容是搜集、分析及报告。打击恐怖分子的攻击行为，影响国外选举之类的海外活动，听起来虽然刺激动人，但这些秘密行动有其前提：我们必须先取得完整的情报报告，只听从总统的指挥，再加上执行部门的整合协调。

情报搜集的困难

第二部分的前言中附了一张图表，读者可以看出无论是中情局或是一般企业，最后都需要将产品交给客户，而两者在一开始时，也都需要信息，换言之，对于搜集情报，我们都面临了相同的挑战。

想要找出国家的"信息需求"的定义，我们不妨先看看前国防部长唐纳德·拉姆斯菲尔德（Donald Rumsfeld）的一段话。他在2002年2月12日做新闻简报时，针对"未知的主题"发表了一段智语，此语一出，引发许多博学之士的讥讪，不过，字里行间的确可见其思虑缜密。

> 如我们所知，事情分为我们已经知道的已知事实，我们知道的未知事实，还有我们无法知道的未知。

已知事实，好比是与你制造同一种产品的诸多同业，未知事实者，可能是那些蓄势待发、准备登场的竞争性产品，而无法知道的未知，可能是客户看了服务合约的某个部分之后，暗中起念，不打算向你买了，反而要向你的主要对手进行采购。

如果是第一个范围，不需要动用到情报干员来确定事情的真相，你可以打开商会的出版物，或是用 Google 的搜索引擎找数据。不过，第二个范围——未知事实，就需要进行一些研究了，可能不费吹灰之力，也可能要好好下一番功夫，因为产品各有不同。而无法知道的未知就更复杂了，虽然有答案，但是你不知道对应的是什么样的问题；有时候关键信息会意外浮现，也有可能是通过情报搜集而发现，最后，分析人员会将其整合、纳入分析，并将最后的结果提报给决策者。

我们与波兰上校理夏德·库克林斯基的合作关系，从 20 世纪 70 年代早期持续到 80 年代早期（参考第 4 章），在这段时间，也证明了发现"无法知道的未知"的重要性。我举个例子，库克林斯基曾经推测俄罗斯会举行军演，其中还包括了 44000 名的波兰军队。事实上，这只是障眼法，苏联的真正计谋是打算通过实施戒严，以镇压反共的团结工会运动。

虽然库克林斯基不知其所以然，但华沙的当地情报官认为这一重大信息将牵动未来事件——的确，这起事件也逼得库克林斯基后来必须逃亡美国。情报官在 1981 年 3 月 5 日将信息紧急传达给中情局，而知情人士仅包括美国正副总统、国务卿，以及国防部长；里根政府需要采取适当行动。当局发表了一份公开声明，强调全世界都在注意苏联的"演习"，事实上，这的确发挥了公开喊话的阻吓效果。

我们以搜集基地组织情报来仿真状况，大家就可以了解情报搜集的运作方式。总统以及决策幕僚想了解基地组织的计划与犯案能力，我们的任务就是找出相关信息，虽然成功的机会很难说。无论如何，我们不放过与该组织有关的任何情报，也因此能进一步了解其动态。比方说，我们曾经发现印度尼西亚当地出现了代表基地组织的某一恐怖主义团体，但我们当初并不知道它的底细；虽然没有人主动询问，我们依然找出了一些全新的线索，这就是所谓的无法知道的未知。我们并没有特别针对印度尼西亚去找寻基地组织的活动踪迹，但是根据全球情报搜集得来的资料，也让我们掌握了部分事证。

虽然没有人提出确切要求，但是，了解基地组织的发展轮廓、其计划与犯案能力，绝对有其重要性。所以中情局的作为不仅仅是在响应任务需求，也同时呼应了组织的使命；我们有个军事小组，负责前线的战术情报活动，他们能够实时反应，发挥如绊线一般的警示功能。

许多企业因为遇到"无法知道的未知"的状况，某项产品的命运也因此大势已去，"赛格威"（Segway）正是一个被"无法知道的未知"所打败的概念。此款新型平衡车在上市的时候，是为了要解决短程移动的问题，不过，它的价格居高不下，而且不断发生司法纠纷，又加上接受度问题的社会因素，所以当产品问世之后，依然留下许多解决不了的问号。

可以重复使用的"便利贴"，一开始的时候只是研发部门的失败之作，不过，"无法知道的未知"的状况也出现了。五年之后，原创者斯宾塞·席维尔（Spencer Silver）的同事阿瑟·弗莱（Arthur Fry）因为习惯在诗歌本里夹纸条，就把这种黏性不高的胶水涂在纸上，这项产品推出之后，果然大受欢迎，显然弗莱的灵光乍现，打动了无数的消费者。

你可能会发现具有"无法知道的未知"性质的信息，却不知道该怎么着手，这也是许多企业所面临的窘境。有时候公司不知道（或者已经了解）为什么信息会整合失败，这就是为什么成立类似营销或会计等重要部门的情报小组，的确有其需要，公司必须找专人以有系统的方式搜集情报，分析重要信息。

假设你的公司必须在世界各地承揽建筑合约，那么，签订合约的地点是在阿曼、约旦，还是密西西比州的比洛克希，其实并不重要；每一个在现场的员工，无论是业务、营销、资深主管、工程师还是工人，都是你的天线（搜集情报的人员），每一个人都可以进行观察，让公司维持竞争优势。如果你能让他们以条理分明的方式，将观察结果回报给中央情报单位，公司就能得到更多的优势，去争取同一地点的其他合约，甚至是其他地方的生意；你会发现自己得到许多意想不到的信息。这些可能只有一两个人的情报小组，会花时间研究《商业周刊》和《华尔街日报》，也会研读博客，或是看新闻节目。

我们也可以从不同的角度来解读前述国防部长拉姆斯菲尔德的观察。以下是另外一套能够让公司维持竞争优势的方法：

○ 对于你的需求，知道解答的人，就是你的主要情报来源。
○ 对于你的需求，知道该去找什么人来帮你解答的人，就是你的次要来源。

举例来说，你知道主要竞争对手要推出新产品，却不知道确切的时间；你认为，如果能够事先掌握消息，就能先打一波营销战。显然，该公司的首席执行官是唯一知道新产品确切上市日的人，但你不可能从他身上得到线索，所以，下手的对象应该是与他有直接关系，或是素有往来的其他人士，因为他们可能会知道你所需要的信息。所以你开始研究这家公司的数据及媒体曝光的信息，希望知道你可以接触哪些在首席执行官核心圈的人士。

当然，除非你有读心术，否则你很难有机会得到数据。商业界有时候也会出现同样的状况，因为公司首席执行官很可能将某一决策深藏于心中，仅有少数人略知一二，直到首席执行官一声令下，大家才恍然大悟。

以萨达姆·侯赛因（Saddam Hussein）为例，他曾经在科威特边境的各要道部署重兵，但是关键的情报问题依然无解：他会进攻伊拉克吗？姑且不论他的坦克和人马已经就绪，也明了发动战争的得失，但最后的决定，依然系于萨达姆一人。再者，他很可能在最后一分钟改弦易辙，我们已经多次领教他的反复无常了。如果他依然踌躇未决，就算我们能够掌握他的左右手，我们也一样无计可施。

总之，就算你能掌握完美的情报，你恐怕也很难预知最后的结果。萨达姆让手下的将领深信，他的确在研发大规模毁灭性武器；可见他在自己人面前也不诚实。所以，即使我们有他的亲信当线人，依然有可能发生误判。

如果你认为这种事不会出现在商业界，那么，不妨回想一下华尔街的安然案，还有狡诈欺人的麦道夫，他身边的人以为自己要发财了，最后却落得被骗财。

如果能够打破企业里的分工藩篱，让信息不再那么封闭，也许可以改善这种状况。企业主管对于自己工作范围内的信息一清二楚，但所知也仅限于此，如果他没有接触其他的信息来源，接受跨领域的交流，他可能根本不知道自己在做假账，也没发现自己向顾客推销的是夸大不实的产品。

究竟要等到哪一个阶段，才能判定情报充分，可以展开行动了呢？在有限的条件下，必须衡量以下的状况，才能编写出最佳的脚本流程：

○ 研究对手过往的行为，找出模式与观察指标。

○ 注意关键角色的周边人士与决策小组，他们很可能会不小心泄露出自己所知道的机密。

○ 注意周边的信息，也许可以找出核心问题的答案。

就这个案例来看，我们已经针对萨达姆及其军事部署，努力进行情报搜集。假设前线提供线报，告诉我们看到伊拉克人在买科威特俚语教学的卡片，这可能是条有力的线索，也可能只是萨达姆的欺敌方法而已，不过，它的确是值得并入决策分析过程的一笔数据。

锁定情报来源

如果你想要建立自己的情报来源，为公司取得竞争优势，那么，你可以锁定的人为情报来源，包括顾客、潜在客户、竞争者，以及咨询顾问。不过，特工活动依然可以教导你相关技巧，取得重要信息。

有次，我搭乘从机场停车场开往航站楼的接驳巴士，走道上站了一位女性主管，车子才刚刚开动，她的手机就响了，她侃侃而谈，告诉对方自己为什么要特别聘请某位顾问，为什么不考虑其他人选，她付钱请对方做了哪些事情，还有，这位专家的优秀表现，将会对她的生物技术公司带来什么好处。她应该不需要太担心自己泄露了机密，因为竞争对手刚好也坐上这辆接驳巴士的概率是微乎其微。

不过，如果接驳巴士是从饭店或是专业会议的会场开出，并前往机场，恐怕就没那么安全了。展会刚刚结束时的机场休息室也很危险，邻近业界聚会的餐厅酒吧也是，在这些场合刚好听到重要的业界信息，绝非偶然，你可以早做安排。

如果你不是拿着手机高谈阔论的大笨蛋，就当个安静的聆听者，别人爱大声讲手机、在公开场合高谈阔论，你也不必客气，当然要好好利用；当初公司提醒员工如何保护公司信息的时候，这些人想必是左耳进右耳出。如果你刚巧遇到粗心长舌的对手，不妨把握以下几个偷听的技巧：

趁对手在出租车上客区排队时，跟在他后面，看看他要回哪一家饭店，他的同事很可能也住在同一个地方。你可以去饭店的酒吧，听听看客人都在聊些什么；有些公司的业务代表甚至会把名牌挂在身上，或是穿着公司的制服，你不需要东张西望，也可以立刻找到目标。

如果你不想在出租车上客区徘徊，但仍然想查出对手下榻的地点，也有其他办法。打电话问这个地区的饭店，看看他们提供哪些企业折扣住宿价；有些公司会把这些信息直接公布在网站。等你到这家饭店吃早餐时，仔细听听对手要如何安排当日的行程。

展会刚结束，要准备搭飞机回家了，别忘了花钱进去机场贵宾室好好休息。在飞机起飞前四小时就早早进去，听周遭旅客讲手机，还有，他们在"免费"酒吧前都聊些什么内容。

如果你是女性，可以在大会中心的女厕里听别人聊天（男人通常不会在厕所里聊天，但是女人喜欢——别人是这么告诉我的）。

或者，你可以运用科技帮助你获取信息，这也是特工搜集情报的技巧之一。在特工的世界中，只有两种方法可以拿到信息——通过公开渠道，或是其他的秘密情报搜集系统。不过，对商业界来说，取得信息的手法还是有更细致的差异：公开资源、可购买的未公开信息以及仅能以秘密手段取得的信息。

各大企业取得前两者的信息，可说是轻而易举，但是很少看到公司能够善尽其用。这些基本信息包括对手的新闻稿、最近活动的新闻报道、网站的营销信息更新，以及高级主管的演讲内容。有了 Google 搜索引擎的协助，找寻这些资料可说是轻而易举，至于想要取得未公开数据，可以购买胡佛（Hoover's）数据库或是产业分析师的报告。

你的下属是否曾经运用社交与专业交流网站来找寻线索？当我们撰写本书时，能够找出用户专长与兴趣的社交网站已经有 150个左右。我曾经利用 LinkedIn.com 做随机实验，找了某君的资料；

我与此人见过一面，他对我很有兴趣，因为我和某位重量级企业家有往来。经过搜寻之后，我发现此人和那位企业家之间，居然有六个人的交集，而不是只有我一个人。当然，你也可以研究竞争对手与潜在客户的博客与推特，甚至还可以找到他们住在哪一区，搞不好连住哪一间房子都找得出来。

运用这些资源可以得到许多数据，但也可能多到失之庞杂，对你的工作根本没有帮助。如果你有清楚的工作进程，也知道信息的潜在价值，就可以建立需求；一旦确定需求之后，搜集与分析的工作就变得很重要，而且应该要持续不辍。

1991 年苏联解体，许多情报官与分析人员离开了中情局，其中有些人开始接触私人企业，鼓励他们在公司里设立情报单位。这些离职干员的主要目标在于指导公司如何搜集与整理来自各方的信息，让他们取得超越对手的优势。当然，他们不是要教这些企业当特工，而是要以更具条理分析的方式，搜集与处理信息。

这些干员希望能够为企业界引入新概念，根据情报及情报评估报告以建立决策。罗恩·凯斯勒（Ron Kessler）在《透视中情局》（*Inside the CIA*）一书中，对情报评估就有非常精彩的阐释：假设珍珠港事件爆发之前，美国已经有了处理"中央情报"的组织，那么应该有一份如下的"总统国情简报"（中情局分析人员每天早上为总统所撰写的重点报告）。

在这份仿真的简报内容中，凯斯勒引述了如哈罗德·福特（Harold P. Ford）等资深官员的话——他们翔实记录了攻击前三天的状况。福特曾经针对情报评估的重要性，撰写了一本书，书中说道，从各方来源所取得的原始信息，经过精确分析之后的产物，就是情报评估，其内容大致如下：

> 过去两周以来，日本警告外交人员，战争迫在眉睫……还有其他证据显示，日本可能已经准备应战：
>
> ○11月22日，日本外务大臣东乡茂德通知驻美大使野村吉三郎，日本与美国之间的协商，应该要于11月29日之前达成共识，因为之后"事件必然爆发"。
>
> ○ 过去两周以来，日本的无线电通讯刻意出现干扰，信息杂乱或重复，解译益发困难。
>
> ○ 三天前，日本帝国海军改变了船舶呼叫信号，这项改变前所未见。通常他们六个月更换一次，但他们才刚刚更换过。
>
> ○ 两天前，日本外务大臣下令六个城市的领事馆（其中也包括华盛顿），必须摧毁所有的重要密码与密件。
>
> ○ 三天前，美国已经找不到先前追踪到的日本潜水艇。
>
> ○ 根据零星且未证实的报告指出，日本南部的海军正在进行鱼雷攻击船只的模拟演习。

这当然不是唯一的证据，派驻菲律宾科雷希多岛的士兵威廉·桑切斯（William Sanchez）曾经告诉长官，他看到日本军舰正朝夏威夷移动。诸如此类的报告不胜枚举。

想要取得能够建立公司优势的资料，并不困难，但是如果没有一套能够处理信息，建立其相互联系，并将情报送交主要决策者的相关机制，有再多的信息也是枉然。让这些数据能够发挥最大功能的关键，就是找出信息间的关联处。历史突显了它的价值，但我们却不曾因为这些信息而得到丝毫的好处。

意想不到的情报来源

担任行政发展部门的主管，是我在中情局后期的其中一项工作。我费尽心思，希望能让员工接触到中情局世界之外的讲师与经验，所以我找来的客座讲师，都是我心目中的精彩人物。有一次，我找来《千钧一发》（Very Thin Line）的作者西奥多·德雷普（Theodore Draper），他在书中大力批评中情局在伊朗人质与尼加拉瓜反抗军的议题中所扮演的角色；因为我认为应该让我们的资深员工，听到不一样的观点。

我也找过戴维·查尼（David Charney）博士，他对于如何防范叛国者有深入的研究，甚至还发展出一套反情报计划，希望引起中情局和联邦调查局反情报单位的兴趣。他是特工心理学的专家，所以对于类似从中情局干员变节成克格勃特工的厄尔·匹兹（Earl Pitts）、从联邦调查局变节到克格勃的罗伯特·汉森（Robert Hanssen），以及恶名远播的空军与国家侦查局军官布莱恩·里根（Brian Regan）等叛徒，均有其专业见解。

戴维持续推广他的反情报计划，认为政府必须设置一个办公室，让反悔的通敌者可以联络自首；他们当初可能是基于一时冲动，但现在想走"回头路"。他认为当他们走上通敌之路，发现已经无路可退时，就会采取最极端的破坏手段。而这样的安全活门设计，可以阻止叛徒坏事做绝。

　　而后，我在出于偶然的情况下，请到了诺曼·梅勒（Morman Mailer），他在 1992 年出版了小说《哈洛特－加龙省的幽魂》（Harlot's Ghost），《出版人周刊》评论它是"中情局的超级真相，此前的同题材小说，全都因此黯然失色"。当时我在弗吉尼亚州麦克林（McLean）的皇冠书店，梅勒坐在一张桌子旁，正忙着签书，我决定直接问他要不要来中情局演讲，所以我也排进了签书的队伍，轮到我的时候，我递上名片，"等一下如果您有空，希望耽搁您几分钟的时间"。他看到名片上的中情局标志，立刻回我，"当然"。

　　趁着签书的空当，他找到了我，我问他是否能到中情局演讲，他答应了，不过他身上没有带名片，所以我从自己的皮夹中取出另一张名片，让他可以将自己的联络方式写在后面。他写下了姓名和电话，将卡片交还给我。

　　之后，我在书店逛了一会儿，就在我要掏钱付账买书的时候，却发现皮夹不见了。我回头去找梅勒，他正忙着继续为读者签书，"诺曼，是你拿了我的皮夹吧。"他的手伸进口袋，拿出了两个皮夹——他的，还有我的！最后，他也为我签了一本《哈洛特－加龙省的幽魂》，写下"送给彼得，这样的相遇让我们永远难忘"。我永远记得他当时开怀的笑容。

他在中情局的演讲主题，是关于撰写这本小说时所进行的研究。他说，他比中情局更早知道苏联一定会垮台，因为那里的饭店肥皂有怪味道，而且卫生纸也不够用。这听起来像是随口开的玩笑，不过，这的确是老练旅人的重要观察，如果你够敏锐，绝对不会把这番话当成耍嘴皮而已。

中情局当然早就知道这些事，但关键在于你永远不知道自己是否挖掘到宝贵的信息。诺曼·梅勒具有情报官的天赋，只不过他写的不是接洽报告，而是小说。当他进入新环境的时候，拜对手与客户所赐，他很清楚商界人士必须谨记在心的两件事：第一，每一个人都很重要，不要只和你觉得重要的人打交道；大千世界里，人人都有他的角色。第二，无论正反成败，任何线索都不能放过。

不放过任何蛛丝马迹

先前我们曾经提过，由四面八方搜集而来的信息，我们称之为"研究数据"或是"原始数据"。只要是与任务相关的数据，永不嫌多，虽然未必能立即派上用场，但也许之后能发挥临门一脚的功能。

在商业领域中，桥水联合公司（Bridgewater Associates）一直是金融媒体与分析师的焦点，它的成功故事也证明了深度研究的可贵价值。1975 年，雷·达利欧（Ray Dalio）创办了投资公司，管理高达 800 亿美元的资金。他的投资报酬不但稳定，而且表现优异，这似乎应该归功于他的脑袋与计算机。这个人听起来像是童话故事里的小女孩——金凤花姑娘（Goldilocks），挑的是不太烫，也不过冷的食物吃；达利欧只要刚刚好。他的"绝对阿尔法基金"（Pure Alpha）打败了摩根大通与保尔森（Paulson）等公司，是全球最成功的对冲基金。

这个故事给了我们很好的启发——你可以找到全世界最优秀的分析师为你工作，但除非你有充分而适当的原始数据可供分析，不然，最后的结果只能算是"推断"。在"9·11"事件之前，布什政府的作为（或是不作为）是有其原因的：虽然当局收到了在总统国情简报里的内容（见下页），但终究属于"背景信息"与臆测，一旦情报不够充分，就无法展开打击基地组织的攻击计划。请容我提醒各位，只有将情报放在实际的脉络下，才能变成"有效"的信息。不过，我会继续探讨分析的概念，有的时候，如果能让适当的人进行分析，就算是推断，也已经等于是重要的情报。

在商业界，如果脑袋清晰敏锐，就可以在类似下列的零碎和猜测的线索中，推测对手的下一步行动，事实上，这样的人正是各界所急需的良才。

本·拉登决心袭击美国

根据秘密行动、外国政府，以及媒体报道，显示本·拉登自 1997 年起，亟欲要对美国发动恐怖攻击行动。他在 1997 年与 1998 年接受美国电视访问时曾经表示，他的信徒应该要追随世贸炸弹客拉姆齐·优素福（Ramzi Yousef），"对美国宣战"。

针对美国在 1998 年以导弹攻击本·拉登位于阿富汗的基地，根据某情报人员指出，本·拉登告诉自己的信徒，他想要对美国政府进行报复。

同一时间，一名埃及伊斯兰圣战组织的线人告诉某情报人员，本·拉登准备无所不用其极地对美国发动恐怖攻击。

1999 年在加拿大境内的千禧年攻击事件，可能是本·拉登针对美国的第一波主要攻击。意图携带爆炸物进入美国的主嫌阿迈德·拉萨姆（Ahmed Ressam）向联邦调查局供称，是他自己想要攻击洛杉矶国际机场，不过，怂恿他犯案、暗中帮助他的却是本·拉登的手下阿布·祖巴耶达（Abu Zubaydah），而拉萨姆也供出阿布·祖巴耶达在 1998 年的时候，曾经意图犯案。

拉萨姆指出，这一次的洛杉矶攻击事件，本·拉登确实知情。

虽然这一次的攻击没有成功，不过本·拉登曾在 1998 年对肯尼亚与坦桑尼亚的美国大使馆发动攻击，显见他已经策划多时，而且毫不退却。本·拉登早自 1993 年就开始监视这两处使馆，部分参与策划的基地成员曾在事发前遭到逮捕，但于1997年被驱除出境。

有些具有美国公民身份的基地组织成员居住在美国，也在境内四处活动，该组织的支持体系显然运作得相当成功，能够协助攻击活动。东非使馆攻击案中，有两名基地成员罪犯是美国公民，还有一名自20世纪90年代中期开始，就是定居在加州的资深埃及伊斯兰圣战组织成员。

根据1998年的密报，本·拉登的手下在纽约吸收年轻的美国伊斯兰教徒，为攻击做准备。

我们无法证实有些深具威胁性的线报，像是某一情报人员在1998年指称，本·拉登要在美国劫机，要求美国政府释放"盲眼谢赫"（Blind Shakyh）与被押的其他极端分子。

根据联邦调查局的情报，自此之后接获许多与劫机和其他攻击相关的可疑活动线报，其中还包括监视位于纽约的政府建筑。

联邦调查局在全美各地调查了约70起与本·拉登相关的案件，5月时，阿拉伯联合酋长国的美国使馆接获一通电话，指称美国境内的本·拉登手下准备发动爆炸攻击，中情局与联邦调查局正在进行调查。

机密资料，仅限总统

2001年8月6日

解密并准许发布日期，2004年4月10日

情报搜集的技巧

如果中情局真的像某些人所说的一样，具有漫画英雄的超级神力，那么，写这本书可就简单多了，我只需要说出魔法公式，你马上就能变出更多的钱。

不过，许多情报战的战术能够成功，都要归功于干员的判断、智慧、技能，以及直觉。有时候这些智慧结晶也会化为文字，成为其他干员进行情报搜集的纲领，对于其他领域的工作者来说，也具有实用而宝贵的指导价值。

以下是中情局搜集信息的基本技巧，同样可以应用在商业领域。

技巧一：莫斯科规则

这是一套著名的经典规范，是莫斯科工作站历经多年所累积的实战智慧；那些在莫斯科街头工作的干员，必须面临敌方的情报干员及执法人员等来自四面八方的监控。以下是由中情局战术支持的前资深干员，同时也是特工博物馆顾问委员会成员的托尼·曼德斯（Tony Mendez）所提供的基本秘诀：

○ 佯装若无其事。
○ 不要挑战自己的直觉。
○ 建立独特而灵活的模式。
○ 维持沉着。

- 看起来要毫无威胁性；让他们放轻松；催眠他们！

- 摸清对方底细，知道他们的辖区范围。

- 确定自己的预期目标。

- 不要骚扰对方。

- 对于各种选择，保持开放态度。

- 一次是意外；两次是巧合；三次就是敌方采取的行动。

- 慎选行动的时间与地点。

- 将事实合理化是人类潜能，而且没有上限。

许多领域与产业有他们自己的莫斯科规则，有一家专门服务高科技公司的公关营销公司，也建立了以下的规则。不过，考虑他们的地点与服务重点，应该要称为"硅谷规则"才对：

- 询问问题，厘清状况。

- 根据确实可行的工作期限，规划每日的工作内容。

- 提前规划待办事项的优先级。

- 知道自己能力的限制，如有需要，开口请人帮忙。

- 确定顾客的期待目标。

- 知道什么时候要放手；信任团队，与团队充分合作。

- 为团队共识而努力。

- 有出错的心理准备。

- 指导要明确。

- 知道什么时候要拒绝；尊重别人的沉默时刻。

○ 规划日程，遵行不悖。

○ 开会时，要进行角色分工。

○ 坚守目标，如有需要也可弹性调整。

技巧二：深入研究

喜剧节目主持人史蒂芬·科尔伯特（Steven Colbert）曾经造访国际特工博馆，他来录制访问，准备在《科尔伯特报告》（*The Colbert Report*）节目当中播出。他曾经告诉观众，经济危机当前，应该要找个"退路"才是，他觉得"特工"应该是失业之后的一个选项。

当他走进我的办公室之后，我发现他对我的了解，居然比某些同事还要丰富。他进行了"深入研究"，因为他的制作人事先搜集了许多关于我及博物馆的重要资料。

当某名员工被派驻外站时，他对于新环境的日常性工作内容，可能相当缺乏经验。除了可以询问总部里曾经派驻当地的员工之外，我们也会要求他们必须"深入研究"，也就是说，研读我们在那个国家的秘密行动历史。那些官员看着我们来来去去，他们将一切看在眼里：我们的个性与习惯，成功与失败。身为中情局的新员工，必须尽力了解那个派驻国家的历史，以及现在两国之间的关系。

技巧三：幸运的意外

在特工工作的领域中，经常会出现应对作战需求而"预先计划"的意外。比方说，我们会刻意安排某人出现在俄罗斯干员面前，看看干员是否想要吸收他，当然，我们会先观察那名俄罗斯干员，看他什么时候会下班返家？又在什么时候会关灯就寝？

然后，我们会对车子动手脚，让我们的人开着车子出去，在能够单独遇到俄罗斯干员的地点，车子会"刚好"坏了，这种相遇实在巧合得不得了。不出我们所料，俄罗斯干员下来帮忙，发现面前这位车主有点意思——这也在我们的意料之中。双方的关系，就此开始发展。

这个情节是不是让你觉得很熟悉？是发生在商场中吗？其实，这个情境比较像是约会，有个男人"刚好"坐在他注意多时的女人旁边；或者性别对调，故事版本还是一样。突然间，两人开始一起喝咖啡，整起事件真是太巧了，这一场邂逅可能会带来一辈子的幸福时光，或者，至少会持续几个月。

技巧四：文化敏感度

国家有文化，小区也有文化，俱乐部、宗教团体、学校、公司，甚至每一个家庭，都有其独特的文化。所以，当你要和某个新的潜在客户拉近关系时，必须考虑影响对方思维与行为背景的"多重文化"，调整自己的沟通方式。

当我谈到干员要在前线吸收线人、培养关系，请记住，我们是在不同文化下执行任务。我们要和不同国家、不同文化的人培养信任感，甚至，在许多状况下，还必须是在另外一种语言环境中。这些挑战让任务难上加难。

能够游走在不同国家、面对这类挑战的商界人才，并不多见，但是一般企业也不觉得有其必要，如果他们想在日本做生意，找当地人当员工就是了。但中情局没有这等便利，我们只能雇用美国公民；我们当然可以找当地人担任线人，但是不能将其纳入团队。不过，企业界应该好好考虑这种政策带来的战略优势，让值得信赖的员工接受相关训练，如此一来，当他们派驻海外的时候，工作便能充满效率。对他们来说，公司变得更有人性；与公司使命的依存感，也变得更加亲密。

就在我完成舍甫琴科（第2章提到的俄国官员）任务之后没多久，时任中情局法律顾问的弗雷德·西兹（Fred Hitz）问我是否想要加入法律事务办公室。他希望由资深情报官主导国会联络，毕竟，参众议员与他们的幕僚，对于经验丰富的一线情报官总是会多加礼遇。他希望我负责的是参议院小组，不过，我接下职位的时候，其实经验相当有限。

既然身为中情局的情报官，我已经习惯面对不同的文化；国会，也等于是另外一种"外来文化"。六年之后，我成为局内行政发展部门的主管，设计了一套称为"向国会简报"的训练课程，让同仁能够熟悉国会的文化。我会成立四到五人的特别小组，充当我们的"国会成员"，然后，我开始针对学员们将参加的听证会进行简报，并把重点放在"合宜行为"上，接下来，就要看学员们的表现，如何调整为适合国会的"行为举止"。

综上所言，研究文化，与讲外语、解读肢体语言具有高度相关性，从体察文化差异的存在开始，然后逐步近距离观察并建立关系。

技巧五：情境察觉

情境察觉（situational awareness）与人、状况、信息具有紧密关系。知名经济学家马克·詹迪（Mark Zandi）一坐上出租车，就会开口问司机，"生意怎么样？"这并不是和司机随意闲聊的话题，因为当他听到答案后，对于经济状况的情境察觉，会有更深刻的了解——这正是大家所依赖他的。

体育圈经常谈到情境察觉：运动员在不同的场景与气氛中，不断进行一次又一次的演练，借此培养出优异的感知能力及迅速的反应时间，临机应变的能力会因此增强，对于细节的记忆与描述也会愈来愈丰富。举例来说，某人第一次跳伞的时候，情境察觉可能并不怎么愉快，他紧张万分，只能盯着地面看，眼睛也容不下其他的细节，感觉像是要直接俯冲到湖里一样；但是，只要跳伞的次数愈来愈多，一切也会随之改善。

学习发展情境察觉，你会发现，当自己处于高压环境时，究竟有哪些因素会影响你的能力表现。你可能是经验老道的跳伞人员，却发现自己在跳伞的过程中，觉得烦躁不安，你能意识到是哪个环节出了问题吗？可能是因为你需要重复检查装备才安心，而且鞋带还需要系两次，或者，你一定要戴上自己钟爱的黑色手套。

一个有警觉力的人，会因为时间的累积而慢慢发现，究竟是哪些因素加总在一起，才会让他产生顶尖表现。相反地，一个没有情境察觉的人，就算有了突出表现，也不会想要探究背后的成因。

我离开中情局后，曾在私人企业指导经理人与主管，提升他们的口头报告技巧。一开始，我会请他们进入进行简报的会议室，他们要注意里面的陈设，是否有什么让人分心的东西需要移开，电灯开关的位置（当简报进行时可以立刻"进入灯暗状态"），还有，要感觉室内的温度——这一切都是情境察觉。

有位同事在54岁时退休，离开了她服务长达三十年的政府机关，她想要利用这个优势，为自己再创职场第二春。她在退休前几年，曾经与某家厂商有往来，这家公司也给了她一个工作机会，希望她可以卖东西给她原来服务的政府单位。她心想，这工作太容易了，她认识里面的人，而且熟悉采购流程。

不过，事情并非如此。在这段时间，管理阶层发生很大的变化，许多人已退休，她必须面对全然陌生的环境。幸好她还是有自己的优势——她很清楚那个机构的采购流程。于是，她针对每一个阶段，列出已知的项目，为自己制造情境察觉的环境。后来，她便根据这个列表建立信息需求和销售策略，将产品卖给全是新面孔的"老"东家。

我曾经提到，派驻干员到新工作站时，必须"仔细研究"，这种技巧也可以提升情境察觉。派驻国有其基本优势，因为他们目睹了干员的去留：好，起初的站长是亨利，他做了三年，大家都很喜欢他，再来是乔，待了两年，没有人喜欢他。派驻国是以观察整个工作站团队的角度，看待我们每个人的个性，他们会发现，人事变动对我们工作所造成的影响。他们是主队，我们永远是客队，处于绝对劣势，但只要我们准备得愈充分，就能找对频率，表现也会日臻佳境。

如何获得充分的情报，确定已经可以展开行动

搜集信息时，先确定自己的需要，并决定以何种方式搜集：

○ 确定自己需要什么样的信息。

○ 竭尽全力找出谁会知道这样的信息，或是哪里可以找到答案。

○ 拟定计划。

○ 对于其他的信息来源保持开放态度，而且要有可以整合新数据的运作系统。

○ 如果发现哪一种情报搜集技巧确实可行，或是有哪种行为模式影响了情报搜集技巧的效果，一定要和同事分享讨论。

○ 无论到哪里，都要认真发问，然后，仔细聆听答案。

第6章　从和人打交道中搜集情报

基本上，情报官会和有兴趣的对象面谈，判断能否从对方身上得到想要的情报，愿不愿意秘密合作提供信息，同时也要考虑，让对方合作的代价是什么？

假设把世上的工作性质分成教导、制造、修理、说服与激励这五大类，我会说，情报官最重要的技能是说服，情报官的角色像推销员、励志哥、政治家。他们必须有很好的人际技巧，才能完成工作。总之，人际手腕愈高明，愈容易达成目的。

我对人类行为的知识与利用人际交往来搜集情报的技巧，几乎都是从中情局的秘密作战处学来的。我会根据这些经验，在本章说明企业该如何组织，才能增进情报搜集能力，不论是通过人与人之间的互动，或不必和人接触的行为。

从他人身上搜集情报

情报官碰到日后可能有用的情报来源，会先记在脑里，再把信息写下来，提供同僚最有用的参考。像是这个人看起来是否愤世嫉俗？天真吗？拜金吗？理想主义者？个性内向还是外向？这些人格特质可以让情报官了解，他想说服这个人与美国政府秘密合作时，对方会有什么情绪反应。情报官也会记下其他明显特征，譬如紧张的动作或特别的疤痕。

建立一个人的档案数据时，情报官必须描绘出完整的形象，从外貌、举止到内在的宗教信仰。这让我联想到北欧剧作家易卜生（Henrik Ibsen）在著名的"角色的要素"（The Primacy of Character）一文中，提到他如何塑造剧中人物。他在一出戏的初稿中，对角色的了解程度就像两人曾在火车上攀谈；再稿时，他好像已经跟剧中人一起度假数周；到三稿时，彼此已成了至交。

身为情报官，我会在报告中写下对目标人物的观察与印象，确保这些信息对自己或同僚都同样有用。即便多年后，其他情报官在这段时间不曾接触过目标对象，也能借由这份报告提供的信息，让调阅者尽可能了解对方的各个面向。通常过一段时间后，这些报告可以汇整起来，建立起一个人的形象，就像易卜生再稿时的感觉。如果进一步积极研究对方，我们或许能达到易卜生三稿时那种熟悉程度。

企业通常会有自己一套搜寻与记录信息的体系，他们多半非常仰赖网络科技。例如，你在搜寻网络时，键入的关键词、浏览过的网站，以及上网的地点与时间，都会被搜索引擎详细记录下来。在本书写作时（2011 年），微软会保留你的搜索记录 18 个月，Google 会保留 9 个月，雅虎"只"保留 3 个月。一般人可能以为在网络搜寻是匿名的，但实际并非如此。

你上网搜寻的同时，对方也建立起你的个人档案，就像情报官给会晤对象建文件一样。通过上网状况，你的兴趣、购买习惯，甚至心中意图，都会被侦测出来。如果你想测试看看，不妨上网搜索飞往拉斯维加斯的航班。假如你搜寻的网站拥有你的电子邮件地址（例如你透露电邮给对方，以便获知折扣信息），没过多久，你的信箱就会收到关于饭店、租车与看秀的特惠通知。其中某些打折优惠看起来可能挺不错，于是你订了机票，也买了太阳马戏团的入场券，然后预约提供优惠餐点的饭店。一旦有人想追踪你在拉斯维加斯的行程，将易如反掌，以商业术语来说，你已经被"盯上了"，正如遭到秘密监视一样。

你上网采购圣诞礼品时，等于允许网店建立你的个人档案，包括你的付款方式、采买对象与送货地点等。也就是说，你不会是无名氏。既然本书谈的是商业，我们就换个角度来谈这个问题，因为你是最可能想要掌握这些信息的人。在进一步探讨哪些类别的信息会影响你建构与客户的人际关系之前，不妨先来找答案，"为什么要那么费劲去搜集现在或未来客户的一切相关资料？"

搜集情报带来的正面效益

克里斯托弗·迪奇（Christopher Dickey）是《捍卫城市：美国最佳的反恐力量——纽约市警局》（*Securing the City: Inside America's Best Countererror-The NYPD*）一书的作者，他在《新闻周

刊》（Newsweek）2009 年 1 月 31 日刊出的文章中，称赞美国纽约市警局局长雷·凯利（Ray Kelly），把市警局变成一支能反映纽约多元结构的优秀警力；纽约市民有四成是在外国出生，但凯利接掌时，市警队几乎全是土生土长的纽约人。事实上，凯利还公开批评市警局"执行类似冷战时期的背景调查"，经常把外国出生的应征者排除在外。

值得一提的是，凯利的首席情报幕僚，正是当过中情局秘密作战处长的资深分析师戴夫·科恩（Dave Cohen）。科恩是很有意思的人，满嘴脏话几乎和他的创新管理能力一样出名。当初他在中情局升任秘密作战处长时，的确引起一阵哗然。但是中情局高层看出，凯利的想法的确有用。

凯利在秘密作战处服务几年后，转任到纽约市警局，担任新成立的情报部门主管，他靠着无穷创意与强势的领导风格，很快就打响名声。他的具体成果之一，就是纽约市警局现在拥有数十种语言人才（2002 年时已多达 45 种语言），以及来自各种不同的文化背景。这些警员听得懂街头的普什图语或西班牙语方言，混入孟加拉国帮派就和打入俄亥俄坎顿市的狐朋狗党一样容易。

当然，纽约市警局想找到多语人才比其他地方来得容易，他们的首要目标是维护地方治安，而不是在海外捍卫国家利益。但纽约市警局不光做表面功夫，这使警方占尽优势。他们不只培养语言能力，也真正做到多元化。如果你想搜集情报，你不只要有会听、会说不同语言的人才，还要和目标对象一样的肤色（在很多情况下，最后一点并非必要条件）。你需要能够深入掌握其他人的文化背景。

这样一来，纽约市警局防范恐怖攻击的能力大为增强。例如，2003年一名会说波斯语的警员，及时阻止两名伊朗人在纽约东河下方的地下铁拍照；这两个伊朗人随后逃离了美国。迪奇在《新闻周刊》刊出的文章中写道，一名孟加拉国生的年轻卧底警察，渗透进一小群愤怒的孟加拉国裔年轻移民团体，其中两名成员已开始策划要攻击自由女神像所在的斯坦顿岛，炸毁先锋广场的地下铁站。纽约市警局有许多这类可以大加宣扬的成功案例。中情局则没有，因为秘密行动的成果也终归要保持秘密。

翻译的艺术

你很容易冒犯不同文化背景的外国人，而把生意搞砸，却不知哪里出了错。因此，进行交易前尽可能搜集对方的情报，是非常重要的一件事，这样你才会知道什么是最有效、最恰当的方式。

1995年，新墨西哥州联邦众议员比尔·理查逊（Bill Richardson）奉派前往伊拉克谈判，试图营救几名美国人质。他和伊拉克总统萨达姆会谈时，跷起二郎腿，把鞋底朝向萨达姆。对萨达姆而言，这等于是当着他的面脱裤子，光着屁股羞辱他。

翻译语言与了解文化可能是最困难之处，但语调的细微差异或肢体的特别动作，也需要加以解读辨识。就连最基本的信息分类方式都可能造成误解。你谈生意时，有没有遇到对方不耐烦地打断你噼里啪啦丢出来的问题？你可能想先提出大的主题，然后再逐项讨论个别细节，就像在深入讨论前拟妥章节目录一样。但有些人却觉得很烦，他们希望你提出一项主题，仔细讨论完之后再切入下个主题。这两种思维模式有如两种截然不同的语言，你在搜集情报时，必须注意到这种差异。

我在多年观察中发现，身体语言也有很多种，但尚未整理出一套模式，我的知识来自直觉与经验上的"研究"。如果你想更了解身体语言，格雷格·哈特利（Greg Hartley）写的《读你就像读一本书》（*I Can Read You Like a Book*）以及《解密身体语言》（*The Body Language Handbook*），都能提供有系统的分析，帮助读者了解与利用肢体语言。

了解身体语言的第一步，就是好好观察对方的一举一动，抛开个人成见，不要从对方的言谈举止妄下推论，甚至连对方的衣着都不必理会。这些特征构成所谓的身体语言。要在对方放松的状态下进行观察，或者至少让对方处于压力最小的情况，这样才能建立起这个人的举止基线，而接下来的观察步骤，哈特利用了一两本书解释内容，我只择要举几个重点：

先判定对方有没有紧张感。假如对方想骗你，或觉得你很有吸引力，或你身上有让对方难堪的东西，对方就会不自在，通过肢体语言泄露出来。一旦你知道对方在没有压力下是什么样子，你就能看出对方目前是否有压力。可以观察的征兆包括：

○ 如果是女性，看她是不是有轻抚的动作；如果是男性，观察他是否搓手。女人一旦感到紧张，经常会摸脖子、手臂、耳垂等部位，或轻搓手指。男人的焦虑征兆会更强烈，像是双手互搓或拨弄东西。做这些动作可以发泄精力，让自己好过一点。

○ 动作或讲话方式突然改变。这个人说话速度可能突然变慢或变快，或者面向、站姿突然改变。

搜集情报时如果察觉这些紧张征兆，就要用别的方式消除对方的不安全感。更糟糕的迹象是"战或逃"的征兆，例如瞳孔突然放大，或脸色发白等难以控制的行为。从理论上来说，脸色变白是因为血液集中到肌肉里，对方可能要攻击你，或转身逃跑。但愿你在谈生意时不会遇到这种状况。

然而，你可能会看到对方瞳孔放大，开始模仿你的举止，这时脸部看起来较为肿胀，尤其是嘴唇。此刻你就该单刀直入，搞定交易，因为对方开始觉得你很有吸引力，或对你的想法感兴趣。相反地，要是你开始觉得自己双颊泛红，跟着对方亦步亦趋时，你必须马上问自己：我还掌控着局面吗？还是被人牵着走？

人际沟通下个需要解读的领域是"兴趣"。如果你的信息搜集对象，喜欢赛马、打猎、赌博等这些你根本一无所知的东西，你该怎么办？你可能得加入讨论，问出愈来愈高明的问题，学到足以和对方沟通的知识，强化双方的关系。本书的第二部分皆在详细解说让你达成任务所需的工具与技巧，这些类似于顶尖销售员的专业技能。

即便不知道这些技巧，或没时间施展，你也能搜集到足够的相关推论，等着日后验证是否属实。例如，假设你的消息来源说他喜欢赌博，你可以假设他对赢的滋味上瘾。他可能会为达目的而不择手段。

如果我面对这样的网民，我会强烈怀疑他会挑拨离间，从中上下其手。我认为他会虚报支出，夸大自己的价值，讲出一连串他参与过的事情，好在这场游戏中拿到好处。同样的判断也能用在谈生意上。

解码的艺术

情报官必须在很短的时间内解读、判断对方的行为，是否符合应有的举止。这些往往不是做生意时必须判断的行为或人格问题，但和对方是否符合"行为模式"有关。譬如，这个人是不是一直都在某个旅游网站订票，显示出某种"品牌忠诚"？在许多状况下，对品牌忠诚是"讨厌改变"的同义词。如果你想抢生意，这表示你必须花很大的力气，才能说服他改变供货商；不过一旦你成功说服他改变心意，只要你能信守合约不跳票，对方很可能变成你的长期生意伙伴。如果你在生意伙伴身上发现这种特质，表示你有很大的机会和他做长久的买卖。劝诱客户，履行承诺，不要搞砸——只要你做到这些，就算别人出低价，或提出更方便的交货方式，恐怕也拐不走这位喜欢一动不如一静的客户。

中情局有自己的心理专家，帮情报官的观察结果做出专业补充，也有其他先前接触过同一个人的情报官，可以协助解读。例如，我可以对个人做个性评估，把报告交给专家或同事做进一步解读，像是为什么我一谈到她的家庭，她就会摸脖子？（这是紧张的迹象。）有办法知道为什么他会一直清喉咙吗？（这也是紧张的迹象。）

做情报工作时，我们常常都在注意不寻常的状况，而做生意时，你总是注意"一切正常"且符合你所预期的迹象（或许是太过注意了）。

有许多方式让你可以引导谈话，以便取得有用的信息。回到刚刚那个不喜欢改变的顾客例子。如果你和他面对面交谈，而不是通过电子纪录追踪分析，你可以把话题锁定在住所、工作与食物上。你会从中找到一些蛛丝马迹或明显信息，知道对方喜欢冒险尝新，还是安于现状。如果这个人经常搬家，常换工作"寻找新机会"，或者"每种东西都想吃吃看"，他可能就是喜爱改变，或者至少比一般人能够适应改变。

客户也经常会明确显示他们是否容易抱怨或批评，或倾向大事化小。谈论身体健康、消费产品或交往关系，经常能显露一个人的本性。如果这个人或他的家人病了，注意他面对困境的方式：他会觉得自己是个受害者，还是觉得这是一种挑战？当他从汽车到肥皂，什么消费品都谈，几乎对每个人都发几句牢骚，这时，你可以试着去判读，对方只是觉得被骗了，还是气到想要更换牌子？这些交谈不但能使你洞察一个人是否爱抱怨，也能显示他对私人信息的在意程度。会向你抱怨老婆已经不再为他打扮、不想注意他的人，不管是不是黄汤下肚、开始醉了，他都是个大嘴巴。

不管他是外国特工还是生意伙伴，评估是否可能建立关系时，你会想知道这个人是否容易和别人起冲突。不妨谈谈政治或社会议题，看看会发生什么事。如果你不想借由透露自己的立场来当话题，不妨主动提问。一个不愿在冲突议题上妥协的人，很可能因为意识形态强烈，会在许多事情上相当坚持己见。

接下来，可以再从政治谈到啤酒。问他觉得啤酒的好坏差异如何，你可能也会听到同样能显示他坚持程度的批评。

你也会想知道对方的热情何在，什么事情能引发他正面、强烈的情感。除非你能找到这个人最重视的是什么，否则你永远无法描绘出他完整的轮廓。聊聊家庭、艺术、宗教、医疗等话题，注意看什么话题不只会让他兴致勃勃，还能展开有意义的讨论。一个人的热情所在会使他想进一步探究，好在这个领域获得尊重。

如果你想和这个人打交道，不论是买房子还是劝诱外交官变节，你会想知道他能否贯彻到底。如果他热爱文学，很想出版一本小说，却未曾动笔写下只字片语，你难免会想他还有多少"爱好"没付诸行动。

当然，人总是充满着许多意外。我可能觉得你和蔼可亲，是好的聆听者，甚至很会安慰人，但打网球时就完全变了样。一旦你觉得做错事却可以卸责，就会堕落、说谎。处境不同，行为就会不一样，这才能显示出一个人的性情。就实质而言，即便我没有营造出情境来测试你，也能从旁观察，影响我对待你的方式。这就是为什么人物侧写需要在各种环境下的观察才能完成，两个人观察同一个人在不同环境下的表现，必然会有截然不同的结果。就像严厉的首席营销官在家中与子女相处时，可能会变得活泼、充满爱心。

想如实建构出目标对象的面目，你可能得花点心思请君入瓮，让对方显露出异于平日的行为，像是要求他在交通巅峰时刻开车载你到某处，带他坐船旅行，一起打高尔夫球，邀他到简陋的小馆或豪华饭店用餐。

当然，如果你愿意承担这些困难，对方应该是笔庞大的投资或绝佳的机会，他可能是你想提拔来掌管公司几十亿美元生意部门的主管，或是每年会付 5000 万美元支票，请你负责他公司硬件维护与升级的客户。所以，你该尽可能了解对方。你需要知道他会如何对待你，他的同僚是什么样的人，甚至要了解他的另一半。你会想知道他面对男女、老少、侍者或前台时的态度，是否判若两人。

中情局不会给你一张列有 39 个问题的清单，然后叫你"用这些做出个人档案"。各式各样的事情都可能发生，所以专注在你认为能建立起商业关系的重点。用自己的逻辑把种种特征归纳起来，做出符合你评断标准的决定，但也不是叫你完全忽视直觉。你的客观评价也许能加强你对这个人的直觉，或者会让你调整自己的判断。下列表格应该会有帮助。

征才、谈判、销售时需要观察的迹象

需要观察的迹象	发现迹象后，设法让这些征兆重新出现
讨厌变动	一些征兆显示这个人已经很久没有改变某些可以自我掌控的事情了，像是做事方法、穿衣样式。你能和他有所交流，顺利传达信息吗？
受害者心态	都是别人的错。如果生意出问题，那一定是你的错。你有其他可以交手的、不会拿你当替罪羔羊的对象吗？
对峙心态	如果每件事似乎都可能引起争执，那么他可能习惯逼迫别人。这显示他精力旺盛，但面对大事时，你能与他站在同一阵线，利用到他这番精力吗？
热情	如果他显然很在意某件事情，很有兴趣的样子，不要引开话题。仔细注意他的兴趣是否与你的信息吻合。

寻求深入沟通

企业想获得宝贵的信息，通常要靠员工有良好的倾听技巧。好的引导技巧是知道如何使交谈转到你要的方向。

秘密作战处吸收某人成为线人时，负责这件案子的情报官会变成他在这个世界上最亲密的人，因为情报官知道这名线人的秘密：他正在替外国政府工作，出卖祖国的情报。某些状况下，情报官甚至会比线人的配偶还亲，因为他是线人唯一可以信赖的人。情报官会变成线人的父母、伴侣与聆听忏悔的人，两人的关系非比寻常。

通常在这么亲密的关系中，双方的谈话会非常坦白，因为信任对方不会滥用这些信息。有时要让线人放轻松的方式就是"互惠"，稍微越界透露一些个人看法或信息，让对方在招供时自在一点。你们双方都会互相揣测彼此的信任程度。

我曾经和一名恐怖分子打交道。我们常有冗长的讨论，他想谈美国的政策，我跟他谈了，而且聊的范围超过官方认可的程度。他对此心有所感，因而愿意继续相信我。我没有泄露机密，只是告诉他我对美国政治的看法，他很看重这点，因此愿意继续当个可靠的线人。

在许多场合与情境里，"互惠"一样能引导商业交谈。有位朋友告诉我，微软公司的代表在业界一场会议上自我介绍说："我来自微软，我们准备征服世界！"听众笑闹着向他丢纸团。他很讨人喜欢，会议结束后，有三家公司的人找他去吃饭喝酒。结果其中一家公司遇到"不太妙"的状况：微软这家伙先讲了一些批评微软的话，邀他的人竟然说漏嘴，跟着泄露公司机密。这显然是"讲的太多"的最佳案例。谁知道微软的人听了会怎么样？

但也可以从另一角度看待此事。对同处一室的其他人来说，微软先生不守分寸，可能意味着他愿意为他们所用。这并不是说他们可以带他到停车场，然后悄悄地问："要不要当我们的商业特工？"不过他们可以对他说："你的看法很有趣，明天要不要再一起喝一杯？"届时再打探微软先生到底有多不满。

科技界有许多供业界人士交换信息的论坛，目的在于共同设法解决问题，以免影响产品销售或惹恼客户。既然你的员工不帮我的员工，我们就通过产业协会或公会这种中立渠道，在"安全"的环境下设法解决问题。理论上，参加这些论坛的工程师不只要遵守公司明文或潜在的规定，也须遵守创造出这个安全环境的机构所发布的规定。

但同样一批人加入中立组织时，受到的约束并不像出席展会那么严格，在特别会议上反而可以畅所欲言地讨论技术问题。喝了几杯鸡尾酒后，一些机密对话可能马上就成了公开的话题，所以企业应该训练员工避免落入这种陷阱，同时也该教导员工，尽可能利用这种机会，取得对公司有用的信息。

情报官的训练就是打探技巧，许多老鸟尤其能利用长年与外国人打交道的经验。人际互动时的诱导技巧可以参考卡耐基的《人性的弱点》(*How to Win Friends and Influence People*)，或是侦讯教官哈特利所写的《如何让别人听你的话》(*Get People to Do What You Want*)。

在商场上，你获得信息的技巧取决于你想得到的是长期合作关系，还是即时的信息，因为今后可能无法再见到对方。这些技巧包括：

○ 抛砖引玉，也就是先给一点信息再来套话。和可能的消息来源谈话时，你可以提到公司内部会议中某人的提案。你知道这个提案已经遭到否决，但不必说明这点。你透露一点看似机密的信息时，就会产生"互惠"的感觉。

○ 推崇对方的专业知识。每个人都想感觉自己比别人聪明、性感、更有办法。你可以故意讲出一个不够完整的看法，然后在"懂得更多"的对方纠正你、讲出更多细节时，不断称赞他的真知灼见。

○ 一直抛问题，然后只听不说。如果你把我和他人会面时的交谈录音下来，你会发现几乎都是对方在说话，尤其是第一次见面时。他可能会谈谈自己，说说想法，以及他如何做事。我做这一行这么久，早已养成让对方说话的习惯。

套话的技巧

我对"套话"与"侦讯"有严格的区别。侦讯是在不友善的状况下问问题，套话是在正常的社交对话中取得信息。在套话过程中我们会建立关系，寻找可能的消息来源，谈话内容不脱离当地的风土人情。但无论如何，侦讯与套话都能以二次世界大战期间，德国军官沙夫建立的同一套心理学词汇来描述。从不使用身体威胁的沙夫侦讯术，在战后被美国军方采用。这套做法的重点是找出人为何想沟通的心理因素，然后尽快挑起他这股欲望。

先前我在本章谈到如何与某人建立关系，获得信息，同时也研究对方的个性。侦讯科学把这些方法归纳成一些"模式"。用一般词汇来说，包括奉承、批评或利用情绪弱点。这些侦讯技巧也能用在办公室中，例如经理与下属的对话：

- 直接诘问：你觉得这次交易失败有什么征兆？

- 提出诱因：如果你提出完整的报告，说明是谁搞砸了计划，你就能拿到圣诞节奖金。

- 动之以情：你一直很关心团队，所以再帮大家一把。告诉我到底哪里出错，好让大伙记取教训。

- 出言威胁：如果你不告诉我，这次失败该找谁算账，我会找到某人，要他付出惨重代价。

- 安抚人心：这次失败似乎让你很难过，不要担心，冷静下来，我们会找到补救办法。

- 推崇与鼓励：你每天都做得很棒。这次失败只是一时失常。我们一起来收拾善后，而且我很确定这种事情不会再发生。

- 尊重但质疑：我觉得你最近的表现有点失常，但也许是团队其他成员拖累你。告诉我到底发生了什么事。

- 徒劳无功：我看不出来你要如何全身而退，为什么不干脆告诉我发生了什么事，起码让我了解一点。

- 一清二楚：一些同事寄电子邮件给我，所以我很了解这项计划，也掌握进度。你何不也跟我说发生了什么事情？

○ 连珠炮：这个案子是怎么办的？怎么会搞砸？你多早就知道会有问题？到底要怪哪个家伙砸了锅？

○ 保持安静：坐下来，我们来谈谈这项计划。（然后经理完全不说话，这种静默的气氛会让意图打破僵局的属下开始讲话。）

曾在中情局服务 30 年的情报官格雷格（Donald Gregg），在 2009 年写的文章"与敌人交谈"（Speaking with the Enemy）中写道："侦讯的成功关键是：就算侦讯官已掌控全局，仍会试图找出对方人性的一面，理解他的文化、背景和语言。刑罚办不到这一点。"这段话的精髓也适用于每笔商业交易，理解你的对象会比威胁更有效果。

与人搭上线的搜集情报技巧

○ 你的情报对象去哪儿，你就跟去哪儿，不管是网络世界还是真实世界。

○ 注意对方的行为与言谈模式，如果举止异于平时，你就要警觉这个人有心事。

○ 考虑语言、文化以及背景信息。当你试图理解他人时，不要硬套自己的背景与文化。

○ 注意某些问题是否让对方出现紧张的征兆，用你的声调与肢体语言安抚对方，以便继续交谈。

○ 你的对象变得兴奋时，想想可能的原因：是好胜心，还是关切面对的新状况？他因为觉得受害而生气，还是迷上某个想法？

○ 尽可能在不同的地方接触同一个人。

○ 处处聆听，融入你的情报对象所处的环境。

第7章 分析情报

为什么纯粹从公开来源搜集的信息,可以归类为机密文件并组合成情报?美国陆军侦讯官和侦讯课程讲师、曾获颁勋章的哈特利(上一章提过他有关身体语言的著作)告诉我,答案和设计侦讯情境有关。他在"SERE 学校"(教导生存—Survival—躲避—Evasion—抵抗—Resistance—和逃亡—Escape—的学校)授课,利用网络上的各种材料,组成美国军人可能面临的一种情境;但高级军官认为这种情境太过逼真,不能使用。哈特利曾经在前线作战,精通阿拉伯语,更有教导侦讯和对抗侦讯的丰富经验,由于他善于从公开信息中获得弦外之音,他创作的方案于是成为机密文件,要有许可才能阅读。

分析是一种人类活动,分析人员可以把任何来源的文字转变为情报。虽然计算机可以用数不清的方式为信息分类,是初步分析的好方式,但是人脑才能审核信息。

担任《新闻周刊》执行总编辑的凯瑟琳·德维尼(Kathleen Deveny)在 2009 年的一篇文章中,宣布周刊决定进行大改造;这项决定显示,新的消息来源用信息猛烈攻击我们,像永不停止的雷雨一般。高超的分析能力占有优势。德维尼探讨《新闻周刊》如何利用"最杰出作家和思想家"的才干时,指出"我们相信外界并不缺乏信息，缺乏的是见识"。

因为免费文件可以产生影响政策的"关键性看法"，很多公司从其他公司的简介、新闻稿和高层主管的演讲中，取得竞争优势。这样的公司是建立在注意市场的人眼光上，这个人看到的是风景的缺口，不是挤满人的风景。

在悍威创投合伙公司（Hummer Winblad Venture Partners）举办的二月疯狂创意比赛中，雷希安系统公司（Lathian Systems）创办人范广向（Quang X. Pham）提出的想法，突显他洞察事情的能力；他的想法是设立世界第一个虚拟现实的医药代理单一入口网站。范广向因为提出反映市场正确情报的想法，赢得500万美元。任何人如果看对地方，应用一点想象力，也很容易能得到同样的情报。

我有位朋友靠着搜集市场情报发财，他访问医生，了解哪些仪器对医生有用后，把这些仪器发展成实用模型，再转交可以产销这种产品的公司。这位朋友既不是技术人员，也不是软件人员，不过他倾听医生的话后记下内容，把这些信息发展成为产品。他没有把医生原始的想法直接交给相熟的公司，而是把医生的想法表现出来，这些想法显然符合某一部分市场的需要。

单独和苏格拉底分析法

分析有单独式和苏格拉底问答式两种形式。手指头在键盘上飞来飞去、技术高超、个性内向的人，能够破解电子邮件的密码，看到航拍图上别人看不到的细节，那是电影版的中情局分析人员。有一阵子，这种人物形象在很多实例中完全正确。中情局确实能够吸引天才加入分析部门，他们很可能都喜欢单独作业，中情局也重视分析信息的人不同的观点和见解。

苏格拉底问答式意指"经由问答"得知信息的方法，基本假设是参与讨论的人意见有点不同。你可以安排一个或数个小组，分析相同的原始材料。

就团队活动来说，我认为脑力激荡和分析的差异在于前者是对环境的反应，后者是对环境的分析。例如，中情局分配资源、进行分析时，会像任何企业一样，面临相同的问题：紧急事情要优先处理。由于中情局的产品是情报，我们要尽力确保情报是经由分析所产生。

国家一旦面临重大问题，情报圈会慎重安排甲队和乙队分析相同的信息，让两队竞争。如果你要在公司里用这种方法，请确保团队是由不同观点的人组成。我听出版界的朋友说，要不要出版一本书、如何策划，是分开比较营销团队的分析和编辑团队的评估而决定。这样做有什么好处？既然事先就可预测到两派会冲突的结果，这种分析毫无价值可言。不同团队要由不同目标或背景的专家组成，而且他们的才能和经验应该在伯仲之间。

不同看法总是存在，事实上，大家也乐意见到这种情形。分析的目的不是要得到一致意见，而是要获得不同意见，连同多数人的结论一同呈现，就像最高法院同时记录少数法官和多数法官的意见一样。

采用这种方法时，一定要让每个人都有一些贡献。中情局的主张可能和很多大企业一样：你可以在组织里，找到精通企业组织所有运营事务的真正专家；为了成立最好的分析小组，要找这种人加入，请他发言。不是每个人对人群讲话时都能轻松自在，内向的人的预设立场是：不管对方是不是专家，只要他们的话具有说服力，就会服从这种人。因此，团体中要有不具威胁性人格、有能力询问实在问题的人加入，然后让他做摘要类型的工作，既强调这种人的贡献，也让大家可以讨论其他细节和澄清疑点。

这种会议的信息会导出决定，却不会用来证明某一项决定有没有道理。例如，中情局不会为了证实既有的理论而去寻找信息，如果企业用这种方式运作，就很危险。网络公司如日中天时，出现一个明显的缺点：有些新公司匆匆让产品或服务上市，然后利用市场情报创造顾客的兴趣，而不是利用市场情报去设计大家需要和想要的产品。这是编造信息，不是分析信息，也是导致网络时代崩溃的原因之一。使用上述营销就像设计制造超级炸弹时说："唉，我想我们现在得找个敌人试试。"

影响分析的因素

中情局外站和总部联络时，使用优先指标，提醒收件人某件情报有多急迫、多重要。一般联络没有特殊标示，稍急的事情会标示"优先"；更急的标示"急件"；最急迫、必须马上处理的是"最急件"。很多民间企业似乎靠政治权术决定优先级，也就是说，如果决策者喜欢你和你说的话，你的信息会比同事的优先。

中情局总部的值班室收到"最急件"时，会决定是否叫醒处长、通知局长，甚至通知白宫。这时情报正处于关键时点，总部值班主管和外站人员对"急件"的看法可能差异很大。因此，分析人员判断外站送回的情报和任务需求是否重要时，具有举足轻重的角色，这时如果没有分析或是分析效果很脆弱，灾难可能因此发生。

罗伯塔·伍斯泰特（Roberta Wohlstetter）在大作《珍珠港：警告与决策》（*Pearl Harbor*）中提到，很多情报都显示日本具有威胁性，日军已经近得可以攻打美国。她断言，虽然有好的情报，但美国因为"想象力失灵"，没有采取行动以避开日本的攻击，也就是说，没有高官相信日本竟然会轰炸美国领土。

如果团队成员很少有异议，背景类似，看同样的书……在业务上很容易出现想象力失灵的情形。如果从事相同计划的每一个人都表现同构型，你不太可能得到与标准想法相反的分析，像是"也许我们应该认为日本可能轰炸夏威夷"。

由四位高级官员组成的检讨小组提出报告，把这种错误称作"一致的情报"。这份报告指出，检视单一结果的危险预测，会导致差劲的情报判断和有缺陷的建议，例如所谓的：中苏分裂、苏联发展阿尔发级核潜艇、卡扎菲接管利比亚、石油输出国组织1973 年 12 月提高油价、埃塞俄比亚的革命性转变、苏联入侵阿富汗、伊朗国王巴勒维政权垮台。这份报告如果是在 21 世纪才撰写，一定会有情报部门一致认为伊拉克总统萨达姆拥有大量毁灭武器的结论。

我们从中学到的教训是，有瑕疵的分析不是因为随意评估或意见分歧；检讨小组发现瑕疵分析"一再出现的共同原因"：这种偏好单一结果的预测，既违反预估的胜算，也违反多数史实，并且放大若干最糟糕的分析风险，即安于现状且对先前趋势的偏见、打安全牌、镜像作用，以及获得一致情报的倾向。

这份报告的作者也引用英国词汇"先入为主"（perseveration），来说明另一个问题。先入为主指事情发生初期做的判断，影响后期分析的倾向。基本上，这是受限于先前的结论，然后寻找信息去支持这个理论。美国入侵伊拉克遭受很多批评，熟悉这件事的人都听过这种论点，因为大量毁灭武器的"证据"正符合这种情形。

企业界名律师马克·德雷尔（Marc Dreier）出售伪造本票而获取七亿美元，是有趣的单一结果预测的范例。2008 年下半年、他的骗局遭到揭穿前，精明的投资人和在美国各大城市都有事务所的这位富有律师见面时，看到他们想看的东西，也看到别人说他们应该看的东西——一位才华横溢、值得信任的成功人士。德雷尔伪装成好人，以致上至企业首席执行官、下至接待人员，都相信他的能力和高尚品德；他建立良好形象，并且让大家接受这种形象，这种情形就是先入为主。2009 年，罗杰·巴洛夫（Roger Parloff）在《财富》杂志刊出的宏文中，大致说出中情局调查小组所做报告的内容："这个骗局维持这么久，原因是没有受害人相信拥有德雷尔这种地位的人，竟然做出这种鲁莽、自私之至的自我毁灭行为。"

关键见解：全方位的深入分析

假设有位情报官接触一位恰好能够接近机密文件的基层公务员，这位公务员把一份机密文件的影印本交给情报官后返回办公室；公务员除了知道这份文件和核计划有关外，并不明白文件的内容。如果相同文件是由负责筹组核计划小组的政府官员提供，除了文件外，他还会说明计划的目的是什么，小组人员如何挑选，小组人员接着会做什么事，薪水多少。

初步的机密情报提供未经处理的信息，需要交给分析人员处理，这种信息的意义多得像卷须般伸向各处。第二种机密情报除了信息外，还提供关键见解，让分析人员知道事情的来龙去脉。这些关键见解简化了联结数据点的过程，因此分析人员不需要花太多时间去解释意义，反而有提供更多建议的依据。因此，Google 搜寻工具在可预见的未来，不能取代善于寻找书面信息的图书馆专家；我们这种前 Google 时代的人都依赖他们，取得需要的信息。

2008 年 9 月，约翰·泰勒（John Taylor）在华盛顿国家档案馆担任军事专家 63 年后，以 87 岁高龄逝世。撰写情报活动作品的作家，尤其是撰写军事情报活动书籍的学者型作者，都非常依赖泰勒，因为他知道如何配合研究人员的需求，提供现有的资料。研究人员艾德·费舍尔（Ed Fishel）的大作《美国联邦的秘密战争》（*The Secret War for the Union*），因为独特的信息和见解，颇受好评，《图书馆学报》（*Library Journal*）评论员热烈赞扬"费舍尔的学术成就惊人"，他的部分学术成就应该归功于泰勒，因为泰勒引导费舍尔到国家档案馆的一个房间，阅读其中存放的南北战争时期北军的所有情报数据。南北战争结束后，这些报告从来没有人翻阅过。

企业界所需要的具有关键见解的人，可能是公司外面的人，这个人可能知道你要什么，能够客观地把现有的数据组合，看看数据是否搭配。企业因为很难评估关键见解的价值，对雇用营销、公关和其他顾问的费用有时候会犹豫不决，不过，如果顾问对某个计划的需求和公司目标非常清楚，你的投资报酬可能非常可观。

20 世纪 90 年代末期，一家新创科技公司聘请玛丽安当顾问，推动营销沟通方案。公司营销副总裁询问广告文字怎么收费，玛丽安说，每个单词一美元，这位副总叫道："连'这'这个单词也要收一美元吗？"玛丽安回答说，这种收费标准适用任何文件上的任何一个单词。这位副总虽然不满，还是聘用玛丽安。玛丽安充分研究后，为公司的网络安全产品，写出七个单词的广告词。

后来几年里，这家公司把这句广告词当成广告和营销元素使用，每次这位副总裁抱怨费用太贵时，玛丽安就提醒他这个七美元的投资项目。

玛丽安的见解以广告词的方式，创造长期价值，费舍尔的研究也产生意料之外和持续不断的好处。费舍尔运用泰勒在国家档案馆替他找的数据，写出军事情报局的贡献，该局是美国第一个提供所有情报来源的部门，情报来自南方邦联俘虏、派入敌营中的特工，甚至包括 19 世纪的空中侦察气球。后来中情局两位资深分析人员主要依据费舍尔的书，设计出"干部战场教学"：干部前往葛底斯堡战场，听取战事的解说和影响战事的决定。我认为这个课程具有教育功能，因此国际特工博物馆现在也提供核心体验课程。

这个经验的教训是："情报的有无"决定南北战争和其他战事的胜败。国际特工博物馆提供的体验，说明情报对军事决策的重要性。情报说明联邦政府为什么知道南部邦联在南北战争的优势和弱点，联邦政府的军事将领和高级官员显然比南部邦联的对手知道更多事情；情报为战争的胜负提供所需的火力。

企业做抉择时，正确情报不是成功的唯一原因，但是缺乏情报却可能是失败的原因。聪明企业的根基绝对不只是高质量产品和了解市场，你必须认识竞争对手、了解他们的可能做法和实际作为，有了这些情报，你才能创造有利的条件。

把信息变成情报

○ 团队中至少要有一位精明的分析人员，能够把别人看不到的点连接起来。

○ 不要把脑力激荡和分析混为一谈。

○ 运用团队方式进行分析时，要确保团队由不同专长领域的人员组成，并非全都是营销人员或工程人员，成员必须多元化。

○ 协助分析人员弄清楚需求后，再安排优先级：什么情报对任务最重要？什么是最紧急的相关项目？

○ 如果你发现自己或其他人用不同的信息，却得到相同结论时，请提高警觉。这种结论可能正确，但你可能是依据过去的经验和材料，做出假设，而不是用你现在面对的事实。

○ 养成健康的怀疑态度，这样会增强你和身边人的分析能力。

○ 不要担心会因此削弱组织中的信任文化，因为，不轻易接受肤浅的答案或方便的解决之道，反而会加强这种信任文化。

第8章　传播情报

"传播"指包装和发布最终产品的活动。秘密作战处依据需要搜集和提出情报，如果某项情报是决策者必须知道的，即使上面没有要求，主管也必须申报。中情局的这种模式也适用于企业界。

外勤秘密行动处情报官提供的报告内容，基本上包含日期、地点、情报来源、摘要和详细内容。情报报告除了信息外，也可以和其他联络人的报告合并，经过分析、过滤后，成为更有用的东西，供决策者参考。信息一路演变为情报，甚至成为总统的国家情报评估，而情报官知道使用某些传达内容的标准，有助于决策者使用这项情报。例如：

○ 处理问题要具体，不要仅谈论补充材料而偏离主题。

○ 报告要准确。如果添加的内容是你的想法或直觉，不要让读者误以为是事实。

○ 优先信息应该先出现。不要把关键情节放在后面，企图吸引读者注意，毕竟你不是在写小说。

杂乱无章的简报

企业沟通时也应该有相同的考虑，外勤人员如果提供下述备忘录，公司决策者能够知道发生什么事情，应该采取什么行动吗？

> 和客户的会议太棒了！我们可能应该改善三四件事。客户也反映寄送发票流程有点混乱，我会交给应收账款部门处理。客户的主要问题和安装有关，但我不同意他的看法，另一个问题是和他们使用的其他软件沟通有关，不过我们的竞争者也有同样问题，因此我认为客户不会因为这个问题，就不和我们往来。我在星期五的周会中会做完整的汇报。

民间企业中常有上面这种报告。相对地，下页的格式化情报报告可当作范例，这是情报提供的最高层格式，并不完全等于销售报告。这是有关苏联军事行动的文件，呈交美国总统参考应如何采取相对的军事和政治行动，虽然企业界不可能有这么重大的事情，但是参照这个格式提供报告，应该不会有什么困难。这份文件不是外勤单位送回的报告，是 1948 年 3 月 30 日由中情局、国务院、陆军、海军和空军各情报单位所组的联合特别委员会报告的封面。

问题

一、我们奉命评估苏联在 1948 年采取直接军事行动的可能性。

讨论

二、我们依据附件讨论的意见得出结论。

结论

三、依据现有多数证据和"情势逻辑"（logic of the situation）考虑后，结论是苏联在 1948 年不会诉诸直接军事行动。

四、不过，鉴于苏联三军已经完成战斗准备和部署，以及苏联可能考虑占领西欧和近东后取得的战略优势，美国必须明白苏联可能在 1948 年诉诸直接军事行动，尤其如果克里姆林宫把美国的某个行动或某些连续行动，视为攻击苏联或其附庸国的打算。

如果把上述外勤人员呈交公司高层主管杂乱无章的备忘录用联合委员会的基本报告格式加以改写，你可能得到下述结果：

主旨：会见某位客户，了解满意度

讨论：星期五提出详细报告；星期五前不须采取行动。

结论：客户对于收款程序有些不满；会与应收账款部门设法解决问题。安装问题和软件沟通应该不会破坏交易，不过必须以更严谨的技术支持来处理。

这份备忘录的长度只有原文的三分之二，但这种格式更有效用。

美国总统早上看到、由中情局呈送的"总统每日简报"范例如下。这份呈报约翰逊总统的"总统每日简报"首先报告希腊的情报，当时我派驻这个地区。请注意，报告是依照可能采取行动的重要性排列。

每日简报，1947 年 4 月 25 日

一、希腊：新政府急于得到北约盟国的承认，高级官员与美国人交谈时，强调亲美的立场，新外交部长马上接受邀请，参加艾德诺的丧礼（随后是一段经过编辑的段落）。雅典的政变让塞浦路斯有些不安，尤其希腊裔塞浦路斯人对未来不知所措。

二、南越：大约一千座村庄中，有九百座村庄的人已经前往投票所投票，计划在今年春天选出官员。目前已经投票的人数，占登记人数的 77%。上星期日是最近的投票日，越共的骚扰行动很轻微。

三、苏联：联合一号宇宙飞船的不幸事故重挫苏联载人太空计划。除非详细查明这件灾难，解决航行中一直困扰柯马罗夫（Kamarov）上校的技术问题，否则苏联不可能让另一位航天员冒生命危险从事太空飞行。受损的太空舱会妨碍调查工作。

四、玻利维亚：玻利维亚军队攻击游击队获得首次胜利。上周巡逻队发动攻击，造成游击队伤亡，也捕获俘虏，俘虏中

有几位外国人，其中一位是与古巴有关系的法国共产党员兼游击战理论家。最近的几次胜利可以鼓舞玻利维亚军队的士气。

上述报告由很多人共同努力才能完成，然后呈给决策者阅读。一段只有五行的文字却要历经很多搜集、分析、证实等程序，才能从优先的情报淬炼出最干净的叙述。

如果把这份报告和很多公司高级主管看到的杂乱无章备忘录相比，你就会知道好报告有助于决策的形成，差劲报告则容易阻碍决策的形成。

总统每日简报的要素

中情局情报官的情报报告供存盘、纪录和维持某项行动之用。外站报告人员将会议中获得的情报尽可能写得清晰、准确并说明情报的来源。分析人员取得的报告不含提供情报人员的名字，但是可以大略注明情报出处。分析人员把报告的情报和其他来源的相关资料结合成另一份报告。分析人员有责任对报告的内容做出判断和结论。

你可以应用报告中最重要的信息，为你的听众做成口头或书面报告，但是，不要传递"相同的"信息给所有听众或电子通信簿上的人。

举例来说，中情局有时候会制作纪录片式的录像带，以支持对里根总统的简报；里根曾经当过演员，对于以影像表达的信息接收度良好。卡特总统是海军院校毕业的工程师，后来担任潜艇指挥官，对潜艇的所有细节要求非常清楚，所以他深入很多问题的细节，不像总统的应有行事风格。老布什喜爱把部分简报内容记在索引卡上，白天有空时看看内容、思索对策。

因此，要熟悉你的听众，不但要知道他在组织内的职位，更应该知道这个人处理新信息的喜好，用什么方式才能增强他的理解和记忆。我们这个时代的特征是有许多开放的好、坏情报来源；在冷战时代，美国需要的苏联情报约有 20% 来自公开来源，其他 80% 由情报员、卫星、电子窃听和别的秘密途径拼凑而成。

21 世纪的情况已经改变，情报分析人员需要的情报中，大约 80% 可由公开来源取得，剩下的 20% 则有待我们去挖掘。当然分析的难度依旧存在，每项细节都非常重要，因为数量并不等于质量。分析人员现在要航行整条河流，才能找到真正需要的五滴水。

这个信息报告流程的另一部分是，我们提供信息时，也将新的需求带走，也就是说，决策者听完简报后会提出什么问题？什么东西更能引起他的兴趣和注意？

处理不完美的情报

你不会想因为追求"完美"的情报，而放弃"好"的情报。

搜集信息是基于需要，并不是漫无目的。即使持续搜集的结果似乎是废铁，但最后可能变成黄金。因此，搜集到的任何信息都应该整理，但是只有符合需要或具有新意义（无法知道的未知）的信息，才会继续追踪。

中情局分析人员会结合突出的信息以及和主题有关的任何其他情报，他们处理所有来源的报告，包括秘密行动处官员送交的秘密报告、美国其他情报部门的报告，以及网络上可以免费取得的信息，然后像拼图一样，依据浮现的不完整图像，做出情报判断。如果信息只是排列事实，我们就不需要情报判断。情报分析这一行能够存在，正是因为我们没有全部事实；我们能够做的事情就是尽量接近事实，这种情形有时候称作"近似真实"（proximate reality）。

举例来说，印度拥有核武能力，如果印度引爆一颗核弹，情报的工作需求就会转向印度制造核武的能力。驻扎在印度的情报人员和情报分析人员因为这种变化，会额外增加不同的报告工作。同样地，如果某家企业能够配合新的需求，快速集中力量，就可以大幅领先竞争对手，而企业首席执行官或其他高级主管如果能够比别人更早发现这些新需求，就应该获得大笔奖金。

1962 年 10 月，古巴导弹危机才刚刚开始，中情局和其他情报界分析人员，甚至驻扎古巴的外交人员，都不相信苏联会在古巴部署核弹。中情局长麦科恩（John A. McCone）当时正在法国南部度蜜月，他持续关注导弹危机的发展。麦科恩是工程师，也是成功的商人及情报界的新手，但他本能上相信，古巴各地发现的地对空导弹发射场只有一个目的，就是吓阻美国不要派出特工飞机侦察古巴。紧接着几次侦察飞行的照相情报，显示麦科恩判断正确。

在冷战时期中，美国需要知道苏联有多少实力？对美国有什么阴谋？对美国会造成多少伤害？人造卫星的数据搜集让这些问题有了重大突破，而非经由人为情报的搜集。我们早期的人为情报让我们丧失很多情报人员，因此，发展人力以外方式以取得信息的急迫性，成为美国科技计划的动力。美国谈判人员加入战略武器限制条约谈判时，手中拥有的信息远胜苏联的谈判对手。即使是这样，我们也不可能知道所有的事情，因此谈判前要事先订计划。

我曾经是中情局负责和参议院打交道的幕僚长，定期把影响战略武器限制条约谈判的情报通知参议院情报委员会。中情局长通常以秘密会议的方式提供情报，针对苏联的核武器能力提供"信心水平"（levels of confidence）的证明，换句话说，就是回答："苏联核武器攻击区域在直径 1000 公里以内的数目有多少枚，你们的信心水平是多少？"我们就依据分析提供一个比率，例如 80%。

判定信心水平的练习可以应用在没有完整事实的任何情况——这种情况可能比拥有完整事实的情况多很多。

我们拿 2007 年 9 月 3 日美国企业家兼冒险家史蒂夫·福塞特（Steve Fossett）失踪的例子来说明。事实包括起飞前福塞特把飞机加满油（237 加仑），另一个事实是同型飞机航程是多少公里，因此移动的范围局限在这种航程可到达的地区。下述是信息情报，不是事实：福塞特说要航向甲方向，不是乙或丙方向。那么，他可能坠机的信心水平是多少？依据上述信息，可能是80%。事实上，我们由发现尸体的地点，证实了这一信心水平。福塞特死亡一年多后，有位旅行者在内华达州的沙漠，发现地势崎岖、不容易发现的坠机地点，遗骨经过 DNA 检测，证实福塞特已经死亡。

即使我们把今天复杂的软件模拟和精确的逻辑树，应用在历史上某些引发争议和令人困惑的问题上，我们仍然找不到答案，原因在于我们拥有的正确信息不够。我们不知道爱蜜莉亚·艾尔哈特（Amelia Earhart，美国女性飞行员和女权运动者，于1937年尝试全球首次环球飞行时，在飞越太平洋期间失踪）究竟出了什么事，想弄清楚，就得继续探究。即使有无数书本和论文讨论开膛手杰克，我们仍然不能确定他是谁。因此，我们可以说任何理论的信心水平只有多少百分比，而且百分比每年会随着新信息的出现而改变。

不管你的活动场所是哪里，如果你拥有的信息不完整，成功的机会会低于100%，所以最好为紧急状况保留部分资源，其中一个步骤是随时准备接受新信息。要了解我的看法，请参阅第9章有关"结果思考"的论述。

企业家只能依赖应变计划来面对快速变动的高科技行业。20世纪80年代时，有些公司因为没办法取得新的竞争信息，只好依赖工业特工或反向工程，以免落后。日立公司在一件民事诉讼中，因为窃取 IBM 公司新计算机磁盘驱动器的设计图必须赔偿三亿美元，就是一个著名的案例。

同样的情形，尽管资金雄厚的公司倾力发展早期的个人数字助理（PDA），设计时却忽略了客户的偏好，没有考虑老式英文打字键盘是手提式新产品必备的要素，而不是让人涂涂写写的软件。苹果推动"牛顿"个人数字助理宣告失败，使重要的"未知事实"成为"已知事实"，也因此为竞争对手的产品提供绝佳的机会。

及时、正确、客观信息的传送和执行

○ 沟通内容的结构应该考虑到别人的需求。

○ 简报的方式要符合观众的需要和沟通的目的。交给首席执行官的报告和寻求同事协助的文件，应该有不同的形式和感觉。

○ 因为你不太可能拥有全部事实，请设立你需要多少情报才能行动的门槛。

○ 对你拥有的情报设定信心水平——50% 还是 80%？

○ 即使确定拥有很高的信心水平，也要分配部分资源和心思供紧急计划使用，以防意外发生。

零 规 则 思 维

Business Confidential：
Lessons for Corporate Success from inside the CIA

第三部分　强化组织

经营企业的目标之一，是要避免错误或从错误中学习。

你不必放弃正在做的事，重来一次，也不必一直靠呼吸机，拯救垂死的计划。只要以平常心面对变局，做好内部的监督机制，并且鼓励员工提供改善意见，便能成为赚钱的企业。

第9章　建立公共形象

　　中情局成立后的 30 年内，从来没有一位主管的唯一工作是处理新闻媒体或负责公共关系，但是，就二次大战后的冷战时期来说，这种人选可能是必要的。美国人通常相信情报活动非常重要，而且必须完全保持机密，这点表示，品牌可以借由期望来塑造，而不是经由实际信息。也就是说，很多政治人物因为品牌而成功，他们的表面形象不是建立在作为上，而是在选民对他们的期望上。

　　但是正面且非人为期望而创造出的品牌（这种品牌可以影响舆论的新闻报道和事实的综合体），和卡尔·罗夫（Karl Rove）与戴维·阿克塞罗德（David Axelrod）之流的政治策略家所塑造出的品牌，两者之间有着重大的差异。从别人对你的品牌的看法，就可以知道你的战略性定位的成败，你希望塑造一种品牌，而不是让品牌自然形成。

　　不管美国大众认为中情局是开放或封闭，只要中情局品牌的隐含意义是"对国家安全非常重要的情报"，我们传达情报价值的努力就成功了。换句话说，只要一般人对"情报"的认知和中情局对情报的定义相同，都是实时、准确和客观的信息，中情局就成功了。我会在这一章说明造成这种形象而不是另一种形象的方式和原因。

意外的身份

你要问自己两个重要问题：公司现在的品牌是由哪些因素构成，改变可以得到什么好处？接着，你打算如何改变？

在我住过的一个美国小镇上，有三家复印店。科技进步造成印刷业务消失，三家店由原先的竞争变成复印机之战。一家以印刷为主要业务的店关门大吉，另外两家的竞争原本势均力敌，后来有一家投资高档彩色大型复印机，两家店的差异因此清晰。现在的问题不是哪家店的地点较好、价格较便宜，差异变成其中一家店提供特殊服务，另一家店自然成为提供日常服务的地方；也就是说，一家店有意建立品牌，另外一家店则被动获得另外一种品牌。

美国的两大党经常做这种事。某次选举中，共和党的口号是"改变的政党"；下次选举，民主党的口号是"变化的政党"。哪一个政党先提出最好的口号，就拥有这个口号和品牌。同样，如果企业提出符合市场需要的某个品牌，但没有持续推动，这个品牌很快就会失去意义。廉价航空公司就是例子，有几家航空公司发现市场渴望折扣机票，没多久，就出现太多廉价航空公司，共有的品牌概念因此丧失了特性。

让竞争者突显你的特色，并不属于战略；你的成功是因为他们的品牌失败。虽然别人的失败造就你，你仍然算是成功，却没有功劳可言。

必要之恶

2007 年拉斯姆森报告（Rasmussen Reports）做的民意调查显示，57% 美国人对中情局抱持肯定的看法，这项调查结果和拉斯姆森 2007 年做的另外一项民意调查类似——58% 美国人肯定微软公司。中情局和微软的表现大幅超越整体企业界。盖洛普从 1976 年起开始报道美国职业的道德，十大最有道德的职业中，企业主管从未占有一席之地。2008 年 11 月 24 日的盖洛普报告指出，只有 23% 美国人认为银行家的诚信和道德标准高或很高，比 2007 年降低 12 个百分点。

大家对中情局和微软持比较有利的看法，主要原因是大家认为两者大致都不可或缺，有些人可能觉得两者是必要之恶，但关键词是"必要"。在 2008 至 2009 年的金融海啸中损失终身储蓄的人，认为华尔街若干企业很邪恶，不应该存在，比起这些企业，中情局和微软的处境好太多了。

中情局的品牌影响很多人的行为，很多人接纳中情局，却混杂上述正面和负面反应。我在秘密行动处负责公共事务时，兼任很多对外的工作，因为大家相信，我长期任职中情局核心的经验，使得可信度大增。华盛顿以外的人大都没有见过中情局官员，更没有见过招募、管理情报人员和指挥秘密行动的官员。联邦调查局人员会当你的邻居，特工可不会当你的邻居。由于美国是公开的社会，中情局使若干美国人不安，秘密行动处尤其会，但是，我这个中情局官员有一个看得见的办公室和电话号码，增强了很多人对我的信心。

我们曾经获得情报，有位杰出女艺术家会在东欧被暗杀。我前往纽约市拜访他们夫妇，她不相信别人要杀她，不过她确实打算前往东欧。她和先生热忱接待我，但是他们完全没有和中情局或其他情报单位打过交道。对这位艺术家来说，我的举止和资深中情局官员的身份代表权威和可靠性，她不仅立刻取消行程，后来还到我的华盛顿办公室，讨论前往东欧的新计划。这位艺术家后来顺利成行，并没有发生意外。

真正的形象

中情局或微软发生众所周知的失败后，"因为必须，所以不可能卑劣"的想象不再适用于中情局或微软；同样地，"富有到不可能卑劣"也不适用于一位上了年纪的好莱坞影星。不管发生"9·11"是不是由于情报工作失败，或 Vista 操作系统是否令人失望，媒体报道和事实交互作用伤害中情局和微软的品牌。对这两个单位来说，这种情形就成为"差到没有吸引力"的实例，以及"大众看你时，你要大众看到什么？"的问题。

奥巴马总统任命的中情局长里昂·帕内塔（Leon Panetta）指出，建立自卫性品牌不是最好的做法；他上任后没多久就采取攻势。众议院议长佩洛西（Nancy Pelosi）曾经抱怨中情局欺骗她，帕内塔向佩洛西保证，中情局以前没有对她说实话，但现在会对上级讲真话。新闻媒体对他行动的正面报道，获得大众的回响，中情局的品牌重新塑造为"攸关国家安全的情报单位"。帕内塔的策略是利用自己的信誉去加强中情局的品牌，如同伊朗门事件（Iran-Contra affair，里根政府向伊朗秘密出售武器一事被揭露，而造成严重政治危机）发生后，中情局的名誉受到伤害，老布什总统挑选威廉·韦伯斯特担任中情局长一样。帕内塔有强烈的个人风格，能够在关键时刻改善中情局的形象。

微软是否同时采取行动以改善自己的形象？微软发起"我是个人计算机"的广告宣传，可是广告形象却遭"使用麦金塔个人计算机看来很酷"的形象打败。微软根本不生产个人计算机，因此广告信息存在"不真实"的缺点。就在这件事的前不久，微软首席执行官鲍尔默（Steve Balmer）才为了并购雅虎，和雅虎共同创办人兼首席执行官杨致远玩捉迷藏游戏，让微软的股东，甚至让社会大众，觉得这种行为伤害微软的形象。杨致远也伤害了雅虎的形象，没有多久就发现自己的职位行将异动。

相形之下，前重量级拳王乔治·福尔曼（George Foreman）的品牌攻势，为家电厂商索尔顿（Salton）公司带来极大助力。福尔曼代言索尔顿电烤炉（现在叫福尔曼电烤炉，但还是索尔顿的产品），传达令人信服的信息，说这种电烤炉是很有男子气概的用品，男人使用后会创造奇迹。维京集团的公众形象同样可以用三个单词代表：布兰森爵士（Sir Richard Branson）的肖像、竞争和冒险精神构成。

重新塑造品牌以创造真实形象通常不是一蹴而就，也不像帕内塔或福尔曼一样，能够靠个人的努力。个人当然可以大大破坏或促进品牌的塑造，首席执行官尤其如此。你需要指出：

○ 你想完成的目标

○ 你的现状

○ 现状和目标之间的途径是什么

然后你把所有部门和员工都放在这条途径上。这个方法看起来似乎很直接，不过我看过有家公司发给媒体的文稿充斥陈腔滥调，和公司的"新目标"并不一致。

形象受损的公司就像有酒瘾的员工，你可以不再喝酒，改头换面，但要让别人相信"新的你"就是"真实的你"，却需要一段时间才能深植人心。经常的补强可以达成目的，可是行为稍微偏离，就足以摧毁新形象。

你必须知道你跟新形象有多符合。石油公司如果宣称可以让客户自行加油，我们会认为这句话很实在；但如果石油公司突然"重视环保"，宣称要发展风力发电和保护野生动物，你会奇怪这家公司为什么要付钱做这种广告。如果从第一点突然转到第四点，却没有着力点，大众会认为这么大的转变不合理。如果中情局突然强调会提供新闻给媒体，你会相信吗？当然不相信。你可能会想："太扯了！"

小心塑造形象

○ 把每份文件和公告都当作影响民众的工具。请记住，粗心或是心生不满的员工可能发布公司不想让外界知道的消息。

○ 公司的形象要符合客户的个性。如果公司的产品或服务的对象不喜欢改变，不要把公司塑造成与众不同或步调很快。

○ 形象指个人的"外表"或"相貌"，因此，对外代表公司的人必须符合这项任务的要求。如果你只是善于执行"内部工作"的首席执行官，请找一位可以执行"外部工作"的代表。

第10章　要假设自己一定会成功

　　不管你的工作是招募线人、电话营销或主持董事会，你要带着"今天会成功"的假设来开始工作。另一种做法是假设你会失败，或认为不太可能成功；这种失败的宿命感会使你黯然神伤。

　　如果你根据共同利益和别人结盟，并遵守劝说的原则，如此一来，你便有权认定自己会成功。你可以根据个人和公司活动两种观点，考虑这些劝说原则。

拥抱敌人后要洗手

　　为什么要以个人或公司的名义进行结盟？结盟可以帮助你完成个人无法完成的事情。不管是雇用某个人，或是和其他公司形成伙伴关系，结盟一定会带来好处。

　　又名帕默斯顿爵士（Lord Palmerston）的亨利·坦普尔（Henry John Temple），主导了19世纪中期的英国外交政策。据说他在1848年宣称，"英国没有永远的朋友，英国没有永远的敌人，英国只有永远的利益。"从组织的观点来说，这是为公司定义战略地位的最好起点。今天的伙伴明天不一定是你的伙伴，你更不可能每年都有相同或势均力敌的竞争对手。除非放弃目前的事业，转换到不同的产业，你的公司才有永久的利益。

苏联是冷战时期美国的敌人，但是两国并没有直接冲突，两国主要是通过代理人进行战争——美国经由在越南、中美洲和阿富汗的战争，间接和苏联对抗。从预算的观点来说，中情局秘密搜集的资金中，只有很小的比率拨给苏联和东欧集团，更多的资金是用来抵消苏联的影响力。

即使美苏两国是正式的敌国，克里姆林宫和白宫仍在1963年建立热线电话，因为双方都认为通信渠道值得保持畅通，以免因粗心大意而互相毁灭。1991年12月底，苏联正式瓦解，这条热线电话的热度突然降低。新的世界秩序要求美国以伙伴而不是敌人的关系，和苏联加盟国打交道。

为了达成目的，美国情报人员设法和克格勃在共同利益上达成协议，解决了相当多贩毒和组织犯罪之类的跨国问题。两国情报单位可以在若干区域立刻开始合作，也许包括两国的执法单位（也就是美国联邦调查局和俄罗斯内政部），而两国外交官也同样在寻找可以合作的区域。

1991年，苹果和IBM两家敌对公司确认彼此具有庞大的共同利益，因此展开史无前例的合作——合组泰立真（Taligent）公司。在这个案例中，泰立真的主要使命是创造可以在任何硬件平台上作业的系统，实际上也很成功，随后的五年中，泰立真获得120项美国专利，后来被并入IBM。

某些人认为，苏联瓦解是美国彻底的胜利，而美国情报预算的减少，证实了这项结论。大家不关心美国、苏联（和苏联各共和国）的共同利益，不关心没有单一"敌人"存在的世界所带来的无数新威胁。举例来说，美国担心的是，俄国位于遥远地区的核设施逐渐锈蚀，容易遭受恐怖分子抢夺，因此努力为俄国科学家寻找有用和有挑战性的工作，和俄国人合作清除某些陈旧设备。

我们得到的教训是，如果这件事情是有意义的，就要超越有害的迷信和恐惧，才能和竞争对手交涉。如果对你有利，要把对手变成伙伴，但记得要持续搜集对手的情报，换句话说，你要刺探敌人和伙伴的情报。建立制度化的伙伴关系是管理与竞争对手关系的方法之一，但仅是一部分而非全部的关系，所以你仍然要保持警戒。

执行任务的人为了克服讨厌或因为不信任"对手"，偶尔会形成很大的压力。我早年在中东的眼线是恐怖组织的高层分子，这个组织现在仍然很团结，是我们一直想刺探的对象。我隔一段时间就和这个眼线见面，以便了解他们的组织有什么计划。

某些人认为，这种情形可能造成道德上的困境。但我知道，这个人一直是这个组织的高层分子，和他保持联系有助于我们持续监控这个组织的活动，他的情报对我们非常宝贵，而且不必暴露情报来源，就能阻止或至少限制这个组织的活动。当时这个人是我们搜集这个组织情报的唯一来源，不管他以前做了什么事情，我们都不能动这个人。

话说回来，不管你以什么谋生，都不应该逃避复杂的道德问题。跟魔鬼打交道是情报工作的必要部分，多数情报人员迟早要面对这个问题。因此，有时候如何进行工作的答案是："两害之中如何取其轻？"或是"为了达成目的，这件事如果我不做，另一个人也一定会做"，或是"我们有一个崇高的使命，我的责任就是完成使命，这表示要做一些讨厌的事情"。

企业界通常没有这种程度的戏剧效果，但你还是要接近"敌人"。在任何特定国家，秘密行动处经常负责与非法的组织成员和其他人打交道。对企业来说，同样可以加入同业公会，协助自己的产业设定游说议程；如果他们不和对手出席同一场会议，那么影响同业所有公司的法案内容将由对手操控。参加展会的原因之一是，你可以在会场中看到敌对公司的广告用语和对趋势的看法。

很久以前，我有个朋友参加非营利性团体"绿色和平组织"（Greenpeace）的面试，希望从事募款工作。面试官告诉她说，资金来源要受几条规则约束，他们不接受赃钱。她问道，"如果有人要给我们很多石油公司的股票，我们要拒绝吗？"面试官的回答是，"当然不要拒绝，我们只要卖出股票就好"。

另一位朋友担任美国全国步枪协会（National Rifle Association）的顾问，这个工作非常好，她因此认识一些好朋友，熟悉某一部分职务，对她未来的工作很有帮助。很多朋友不高兴她做这种工作，指责她屈服于枪械游说的工作，但她继续做这份工作，也做得很愉快，后来这些朋友也改变口气，认为她只是"重新利用"全国步枪协会的钱。（请看第9章关于品牌挑战的论述。）

前面指出，中情局需要的人对于模棱两可要有很高的容忍性。极端分子非黑即白的世界（不管是宗教、政治或哲学的世界），并不是中情局官员或企业界主管每天工作的地方。我们一定要和外交官一样，为了和平、重要协议或一些情报，愿意拥抱敌人。

假如你的生意一开始就由某个供货商独家供应主要产品，但是你获得情报，这个供货商决定供货给你的对手。因为供货商给你的产品让你拥有竞争优势，所以你很苦恼。你有三个处理方式：一、继续和这家供货商往来，在你业务的另一个领域中寻找竞争优势；二、寻找另一家供货商；三、勇敢面对这家供货商，给他好处，以便维持独家销售协议。你要依据即将获得的价值做出决定。

我早年在中情局工作时，处理过一位面临这个问题的情报人员。外站的一位资深情报员决定扩大作业和机会，他以提出大量报告闻名，我评估他的报告时，注意到他报告的材料和其他情报机构的报告类似。这种类似之处引发了他是否两面通吃的问题，我采取行动，希望知道他除了和我们合作外，还可能和多少情报机构合作。我要做的事情就只是窃听他的办公室。

多年来，他一再邀请我和太太共进晚餐，但我们通常避免把工作和娱乐混在一起，所以我一再拒绝。我对他起了疑心后，在一次例行谈话中改为跟他闲话家常，他再度提出邀请，这一次我接受了。

他住在位于市区的露天住宅里，外表和左邻右舍一样单调，但是内部装潢很豪华，这个地区基本上就是这样子，一般人用他们可以完全掌控的方式炫耀财富。我们夫妻抵达后，他陪我们到楼上的客厅和餐厅，但我知道他的办公室在楼下，我们一向在那里见面。上次与他见面时，我查清楚书桌的抽屉推到底后，距离书桌的末端还有空间，那个地方是安装麦克风的好地点（这是特工技巧最好的范例）。

我参加晚宴时，将携带的麦克风嵌在一条 0.3 米长的木块中，麦克风带有电池和发射器，我将木块用电线绑在我的小腿上。幸运的是，主人还邀请了另外一对夫妇，所以花了不少时间在寒暄上。我事先对太太说，我上洗手间时，一定要让大家一直聊天，让主人分心。我知道楼下有洗手间，所以我直接下楼，躺在他的书桌下，拿出衣服内的静音钻头，在靠近抽屉底部的地方钻了几个洞，装上窃听器。我小心地将洒在胸部上的木屑收集好，放在口袋中，回去参加宴会。

此后几个星期我们监听这个人的谈话，没错，我们发现他和另外好几个情报单位合作，因此我终结了跟他合作的关系（请注意，这不是 007 电影，"终结"的意思是我把他开除，不是杀了他）。我并没有向他说明原因。虽然必须重新鉴定、审查和培养新的情报人员，不过为了得到一位忠实的线人，这样做很值得。

我说过，情报工作就是获得符合一定条件的信息，如果必须和魔鬼打交道才拿得到，就去做吧。如果我们这位线人一直提供重要情报，即使多赚几份收入，我们可能还是会要他。不过，他提供的情报不是很有价值，再加上好多彼此竞争的组织都有相同的情报，价值就愈发有限了。

当然，有时候我们不得不说，"我们知道你在做什么，如果你放弃其他客户，我们愿意多付钱"。我们会编个故事，表示没有不信任他，但不会跟他说我们怎么知道的。这样做或许可以让我们争取到时间、买到忠诚，但也可能买到麻烦。无论情报界或企业界，你都必须考虑每个选项，要注意的是，考虑时必须准备一份很详尽的清单，列出每个选项的可能影响。

结盟的四个动机

如果你需要和遭我监听的这种情报人员结盟，显然不能只依赖"共同利益"。招募特工的要诀在于，确定他们在特定地方和时间与你合作的动机。中情局心理专家以各种方式研究这个问题，运用不同的评估技术，判断潜在情报人员的个性、情绪和可能的反应。这些专家经常可以提供见解给情报官，因此，情报官也许只要问："为什么你想为中情局工作？"就知道答案，不然就是需要花几个月时间培养关系。

缩写的 MICE 可以代表四种动机：金钱（Money）、意识形态（Ideology）、压迫（Coercion）和自我（Ego）。如果目标的情况显示物质报酬具有吸引力，那么一笔钱可能买到短期的忠诚，而以信息、行动或不行动所呈现的更多忠诚，则可以用另一笔钱买到。

就像 2008 年底，新闻媒体大肆报道中情局贿赂阿富汗军阀——中情局用伟哥取代金钱来购买情报，让 MICE 变成了 VICE（邪恶）。

意识形态有正面和负面两种意义。第 2 章的波兰上校理夏德·库克林斯基主动和美国合作，是由于爱波兰，也是由于怨恨苏联控制祖国。为了打败意识形态上令他们厌恶的敌人，民众不惜和他们根本不尊敬的部落或国家结盟，历史上这种事情屡见不鲜。中情局前任资深作业主管拉利·戴夫林（Larry Devlin）在 2007 年出版的大作《刚果情报站长》（*Chief of Station, Congo*）中，记载了中非最大国令人着迷的戏剧性事件，但对刚果人来说，最主要的敌人只是四处移动的目标（意指野兽）而已。戴夫林刚抵达时，刚果总统似乎倾向和民主党派结盟；拥有钻石矿的省份觉得本身有足够的资源和"朋友"，想脱离刚果；军事首领则在美国和苏联代表中游移不定。戴夫林的一部分工作是搞清楚美、刚两国间是否有共同的意识形态，还有推测这些军事首领是否有其他动机，如此一来，他便能使美国的做法比苏联的做法更符合刚果的需要。

压迫是一种极端负面的动力，如果你担心不合作就会危及自己或家人，压迫对你就有用，但即使是这样，心理学家认为，压迫也只对某些特殊人格有用。

我在第 1 章提过，自尊心是霍华德叛国的原因，因为使用非法毒品突然遭受免职后，他的叛国行为似乎是在嘲笑前任雇主中情局，而自尊心让他感受到克格勃对他提供重要情报的感谢之意。

就企业关系来说，你可以应用 MICE 与竞争同行打交道，但和公司同事或客户结盟时，MICE 可能更有用处。如果把 MICE 模式应用在办公室政治和客户关系上，你对他人如何操控人会有新的见解。如果你能够将动机与个人调适得宜，你就能予取予求。如果你失败了，可能是因为把"自己的"动机投射给另一个人；如果你是后者，你不是找不到愿意合作的人，就是会碰到反弹。

我们也可以说，企业界的金钱动力是某种形式的贿赂，形式可能包括下列几种：

○ 对公司员工——调薪、奖金、津贴、比较好的办公室，或新工作、新头衔等。

○ 对客户——折扣，或与产品或服务有关的好处。

○ 对同事——午餐、饮料或礼物。

要让某人的意识形态和企业环境结合，最可能的原因是这个人想把事情做好。如果某人和你的标准符合，你可以强调他的高标准，驱使这个人完成更多的工作。如果你想用意识形态打动委托人或是客户，最好强调质量，比如说："你要最好的东西，我就给你最好的东西。"

企业界人士可能比情报官更常使用压迫手段。主管在很多情况下，会用炒鱿鱼、架空职务、丧失大笔红利、取消极好出差机会之类的压迫手段，威胁员工。金融业者善于用这种伎俩对付客户，现在金融机构碰到主管机关严格的金融检查，更是大加利用，例如信用卡公司把压力转嫁给客户，要求客户配合，才能刷卡买电影票或加油。

在商场中，安抚别人的自尊心，借以促使这个人做事的做法，也很常见。苹果的智能型手机刚上市时，为什么很多人排队购买？他们确实需要这种手机吗？不，他们这样做是因为苹果巧妙地让大家相信，拥有一台这种手机就会与众不同。成功塑造品牌忠诚度的公司做广告时，通常诉诸客户的自尊心，奢侈品零售商的广告本质上也是如此。

稍微深入研究，你就会明白这些激励因素在特别的情况中可能相互影响。担任国际特工博物馆董事的基思·梅尔顿（Keith Melton）是情报历史学家，也是公认的秘密设备和科技专家，他说明为什么这些因素是招募人员最重要的指标：

中情局的心理学家发现，愿意从事特工工作的人有三个最重要的指标：忠诚度分裂（可能有婚外情或极端讨厌某位主管）；自恋（过分自私、自大、爱虚荣）；和父母关系不协调。其他情况包括事业失败、夫妻失和、不贞和吸毒。基于单一动机因素接受招募的人很少，大部分人都是基于几个弱点接受招募……中情局心理学家指出，大部分线人在35岁到45岁之间，最容易应征和接受工作，显示在很多文化中，这种年龄层中的人常会经历中年危机，重新思考人生方向。

梅尔顿在上述分析中揭露几个转变特性。第一个浮现的事实是，构成弱点的所有情况都是共通的人性。就像情报局招募人员时一样，你在业务会议中可能看到自私和情绪冲突的人。你一定会看到中年人因为家庭、财务或健康问题成为生活中更重要的大事时，寻求转变的例子。如果你还不是中年人，时候到了，你就会像他们一样。

你可以在以下情况下，应用 MICE 动机来做观察：

○ 做自我评估练习。你的注意力是否不集中，或自我冲突到很容易被别人的言论影响，或造成你的工作效率降低？你也许不想结束外遇，或是女儿快 18 岁了，马上就要上大学，你却不知如何是好，但你清楚这些问题会降低你的专业能力。

○ 关心同事。如果他们出现 MICE 这些弱点，要伸出援手。如果有人爆粗口打断会议，或没有准时完成计划，这个人可能是用粗鲁的行为向外求救。一位好朋友在一家约 40 个人的小公司工作，行政经理朱蒂是新首席执行官聘用的，人很专横，却努力讨好首席执行官。首席执行官习惯在便利贴上写"做得好！"表示感谢，而行政经理办公室墙上贴满这种便利贴。朱蒂和便利贴的谣言开始流传。不过，笑话很快就消失了，但几位有爱心的同事知道她的情绪显然需要别人关心，于是对她示好。朱蒂后来的态度和行为转变不是很明显，但确实有改变。

○ 让你的观察力和顾客或客户更紧密结合。我不是暗示你无意间发现别人有问题时要拿来利用，但你可以倾听这个人讲话，并且表示同情，这样做对这个人和公司都好。下一节讨论说服的各种阶段时，会提到以这种方式建立关系的技巧。简单地说，你首先要知道"有件事情不太正常"。有位同事说，他的咨询客户看起来精神不集中，他因此不谈论正事，反而问起这个人的家庭状况。客户说儿子是优秀的中学摔跤选手，因为使用类固醇被人发现，相关的健康和法律问题使他无法专心工作。客户承认家里有状况，获得补偿性的信任反应，在他收到补偿后，就能重新讨论手上的工作问题。

像情报官一样说服对方

企图说服别人时，你可以把自己想象成首席执行官或会计，但你必须更像担任说客的销售专家或情报官。

组织同样要遵守说服之道。公司必须在简介短文或使命声明上，暗示员工要参与、认同、赞成采取某种行动，才能达成使命。例如美国红十字会说："本会是大家动员起来帮助邻居的地方。"除非红十字会能够说服大家，并动员他们做事，否则红十字会无法达成使命。

个人说服力的应用

首席执行官在销售说明会、董事会或干部会议中的所作所为，就包括说服的每一个阶段。首先他和与会者要建立信任关系，提出正确问题，以便发现他们需要知道的事情，才能采取下一个步骤，回答所有问题，询问反对意见，并加以说服，最后达成目的。

安可顾问集团（Encore Consulting Group）资深训练顾问约翰·那不勒斯（John Naples）针对销售说明会不同阶段的说明，很适合我用来谈论情报官如何招募情报人员和获取机密情报，也说明所有说服性的接触都有道理。你会发现我在第 5 章中讨论过的套话技巧、了解肢体语言的重要性、能够觉察某人的情感状况，都在这里发挥作用。

第一阶段：培养信赖感

有效的销售是先建立密切关系，然后对你产生信赖感的过程。你可以说服他人听信、购买、照你的要求做事。

销售和招募情报人员的程序名称各不相同，但两种过程都依赖直觉和判断。那不勒斯把这种过程称为"校正"（aligning），也就是说，你要设法和当事人具有相同的观点，才能正确解读他的思维和情感。

和这种做法有关的肢体语言叫作"镜像作用"（mirroring），那不勒斯主持销售训练时告诉学员："你要自我调整，反映另一个人的生理机能，配合他的声调和音量，形成信赖感。"学过神经语言学程序设计的人会觉得这些话很熟悉。

"模仿"和"感受"不同。就像菲利普·霍夫曼（Philip Seymour Hoffman）在电影名作《卡波特：冷血告白》（*Capote*）饰演杜鲁门·卡波特（Truman Capote）一样，你可以"感受"到卡波特的思想和感觉。而"模仿"和霍夫曼"捕捉角色特质"不同，只是肤浅地表现出一个人的思想和感情而已。换句话说，不管你是卖计算机系统或招募情报人员，你都不希望自己是《周六夜现场》（*Saturday Night Live*）中模仿政客的喜剧演员。你只想当自己，想用镜像作用在心灵上和肉体上和另一个人交流。

如果你的镜像作用对象是认真、有企图心的人，要马上谈论正事，这样比闲聊天气更能得到他的认同。相形之下，玛莉安曾经和某家公司的首席执行官开会，这个人把星期五穿便服的做法发挥到极致，穿着短裤和长袜上班。会议一开始，这位首席执行官的开场白是谈论午餐时他去跑步，玛莉安认为和他搭上线的最好方法是谈论她自己的晨跑。有些人觉得这样做很浪费时间，但有人把运动同好当同志，这是信任感的开始。

第二阶段：发现

现在是探测的时候，你提出尖锐的问题，以便确定这个人关心的事情、目标、需要和欲望。那不勒斯把这些问题叫作高产量、开放、发人深省的（热切）问题。答案有助于你看出某个特别情况中有什么潜力，会让客户或听众思考和你建立关系的性质和好处。

你问的问题会揭露机会，这种就像比赛由你设立目标，或站好得分位置一样，由你告诉我，我需要知道什么事情，我对你才会有影响。那不勒斯非常强调这不是谋私利的练习："这个课程全部在讨论'他们'的问题——在功能上和感情上的需要。"

你必须确定别人的情感特性，打动他的感情。情报官以意识形态为动力招募人员时，可以加强情感的作用。库林斯基和联络人见面后进入美国大使馆时，相信和美国合作让他能够为祖国效力。库林斯基对苏联统治波兰的痛恨形成强烈的情感冲突，使他愿意冒重大危险和美国合作。

你必须相信你的提议很伟大，只有你相信你的提议能够改善另一个人的生活时，才能吸引别人的真心追随，赢得他们的信任。

第三阶段：办好说明会

不论你的谈话内容为何，说话要实在、有力，叙述事实要条理分明，对自己的产品和服务要有信心，要有能力直接满足客户的需求。你要证明你确实注意热切问题的解答、注意细节，但是对于自认为是纵观大局的人来说，这样做是很困难的。请注意，优秀和经常成功的高层企业主管都能掌握细节，得到从董事到行政助理的敬畏。

第四阶段：处理异议或结束

这时，两件事情中有一件一定会发生：客户可能提出反对意见，你得马上处理；或是直接结束说明会。结束说明会前，你可以提出试探性的问题，例如："你有什么看法？"或是"这样符合你的目标吗？"这样做会让你得到一些回馈，或是你希望得到的机会。对方会说："我对这件事情有些好奇。"或"接下来是什么？"

"结束"是邀请客户采取下一步：请他采取行动。结束时不要太过强烈或直接，好像想把人逼到绝境一样。就像你应该说："你想跳舞吗？"而不是说："让我们来跳华尔兹吧！"

不管是销售产品或招募人员，反对意见都能提供机会，让你处理问题，增进和客户的关系。事实上，最糟糕的事情是没有处理客户的反对意见。如果有人认为和你交易的代价太高，你应该表示谅解，而不是反击。

假设我要招募一位有家庭的人，但这个人认为和我合作可能危害子女，除非我尊重他对家人的关心，否则没办法谈下去。我会很聪明地提出一些说明，就像销售专家遇到对价格敏感的客户时，他会说："其他客户也关心价格问题，我是这样做的……"

征求别人同意你处理反对意见，也表示尊重别人，权力稍微从你手上移转到对方，会增加对方对你的信任。"我可以花点时间处理这个问题吗？"对方可以感觉你在降低控制程度，你既没有攻击，也没有防御，只是提供答案、机会和有价值的提议。

社交智慧也叫个人魅力，是让整个过程成功的必要条件，这种能力让你解读人和环境，并且应用学到的东西。你必须吸收相关信息，才知道怎么做、说什么。

组织如何说服顾客

同样地，组织可以把说服的各种阶段，当成加强市场地位的指引。

第一阶段：培养信赖感

要看出第一阶段的重要性，最戏剧性的方式是看一家公司因为和民众丧失和谐关系后，信赖感遭到侵蚀的例子。很多公司就是因为未履行诺言、财务报表错误，甚至是倒闭，而遭到周期性的挫败。

多年前，福特的品多士（Pintos）车碰到追撞时，油箱会爆炸；这款车型上市前，公司主管已经知道这项设计缺失。大众知道这件事后，福特的销售受挫。美国食品药物管理局判定拜耳公司没有理由拿避孕药治疗青春痘后，拜耳股东和服用优悦（Yaz）避孕药的妇女大感不满。或者，很多餐厅流失顾客，因为顾客发现餐厅把猪肉当成小牛肉卖，或把鳕鱼当成黑丝鳕鱼卖。

网络上流传的这种故事，说也说不完。猪肉或鳕鱼没有什么问题，但是名不符实让大家怀疑餐厅还有哪些地方做假。

组织的新闻稿、广告、公告等，必须呈现信任和信用，再用行动强化这些特性。多年来，中情局在这方面的公开纪录好坏不一，不管成功或失败，这都是教训。

组织镜像作用的观念，依其作用的程度而出现很多成功或失败的案例。注意顾客的特性和喜好，并加以反映的公司，通常会成功；在目标群众中"只看到自己"的公司会失败，即使群众的行为举止和公司对他们的看法完全不同。

虽然宝马汽车公司碰到过一些问题，却一向善于对"自己的顾客"销售，他们针对现有宝马汽车车主，满足他们的期望，使客户产生长期忠诚度。形象的期望和汽车本身、展示间、说明书有关，甚至和电影中开宝马汽车的人也有关。宝马车主对维修有很多要求，希望宝马能"让他们安心"，而宝马说，公司的整套保养计划就是提供这种服务。事实上，很多生产奢侈品的公司知道，在产品陈设、广告、展示店装潢等方面，都必须反映客户的品位和生活方式。即使路边小贩卖真的劳力士表，有人会向他们买吗？买得起劳力士表的人大都不会理会这种小贩，因为他们认为贩卖方式和劳力士表应有的销售场所不搭。

美国是"在镜中看到自己想看的东西"这一竞赛的"赢家"。我们可以用军事史学家伍斯泰特（Roberta Wohlstetter）说的"想象力失灵"，说明为什么美国认为日本不会轰炸珍珠港。说明这种失败的另一种方式是，我们看敌人时多少会看到自己。古巴导弹危机开始时，美国又犯了同样的错误，认为赫鲁晓夫不会攻击美国——苏联这样做有什么好处？

苹果计算机推出第一台个人数字助理"牛顿"时，工程和营销团队（其中至少有一位名片上印着"福音传播者"）想象着，有一大群人急着采用取代打字的书写科技。他们失败的原因是想象力太丰富。他们想象医生在病床边写好处方，再以无线传输，送到一楼的药房，也想象企业主管匆匆写下的备忘录立刻变成下属可以看的文字；他们想象镜子里的人跟他们一样，都认为牛顿个人数字助理很酷。其实这只是虚幻不实的想法，我们都知道，苹果计算机很快就改变看法。

第二阶段：发现

在这个阶段里，组织不必问问题，但是要有接受和反应信息的途径。一位朋友买的隐形眼镜清洗液标签上注明"运输安全局批准"，但瓶子比运输安全局规定的可携带行李大了 0.6 盎司。她打电话到这家公司，抱怨清洗液遭海关没收。不到五分钟她就接到回电，对方对于造成不便表示歉意，安排好补寄货品，并谢谢她帮忙更正错误。

这家公司在电话上要求我朋友提供住址，以便寄送货品和她常向这家公司购买的其他产品优待券。这种过程不是那不勒斯在销售循环中所说的"探查后再倾听"，而是"先倾听再探查"，不过结果相同，卖方从买方听到可以用来加强关系的重要信息。

至于不称职的公司，会设置附回馈表格的网址，但是无法进行现场聊天或得到客户的电话号码；客服人员处理问题时也没有丝毫决定权，不能解决问题。这是因为"发现"的过程是一种"实时满足"，"发现"为卖方打开机会之门，如果门打开后，客户只感受到冷空气，卖方在第二阶段失败了，情绪性的交流可能出现，却是令人讨厌的交流。

中情局回答国会质询时，会出现第二阶段式的考验，回答的人能否满足国会议员工作和情绪上的需要，是能否获得信任并取得预算的关键。

第三阶段：办好说明会

在过去（例如21世纪初期），公司对顾客或委托人的"说明会"多半是单行道。公司把在学习阶段获得的知识，当成广告和营销的材料，加以包装。现在的说明会则逐渐演变成"互动模式"，例如宝洁公司设立社交网站，使说明会个人化。这样做的目的是不对客户谈话，而是和客户"对话"。

第四阶段：处理异议或结束

强生的药品泰诺（Tylenol）出问题时，高层主管的反应可敬而务实。强生在全美各地发布警告，也经由政府机关公告，防止大家服用泰诺，并停止生产和营销这种止痛药，也立即回收约3100万瓶市面上的各种泰诺产品——光是回收就代表公司损失一亿美元。后来，法院判决指出是有人对泰诺胶囊下毒，而强生也允诺客户，愿意让他们把已经购买的泰诺胶囊，更换为药片包装。

广受大家瞩目的政府或企业公关主管，从强生成功的公关学到很多东西。强生遭遇无法克服的障碍——药品造成死亡，但是强生运用智慧正面迎战，结果很可能获得再多广告也买不到的更高品牌忠诚度。

这个案例关联到"信任感"的议题。不管是正在面对客户的反对意见或即将结束和客户的会面，都必须加强信任感，绝不能降低。

利用投射作用

一般人只看他们想看的东西，也只相信他们愿意相信的事情，这种现象叫作投射作用（projection），很多"营销资料"中都有这种缺点——搜集资料的人有一个想支持的目标，因此寻找支持这个目标的信息，粗心大意地忽视明显的事实。

身为情报官，我凡事保持怀疑态度。大多数人没有养成健康的怀疑态度，一般人基本上都容易相信别人，所以很多瑕疵产品仍然受消费者喜爱，蛇油这种江湖医生的万用药就是很好的例子。

一位朋友承办很多高科技公司的媒体顾问工作，她得到一份合约，为几个月内要上市的一种试用版产品设计媒体巡回说明会。她要负责为这家公司的首席执行官做准备，好对美国东岸和西岸的编辑提出简报。这家公司的产品是小型、坚固、特殊用途的计算机，专供需要轻便耐用、可以使用手机信号、可以辨识手写文字等用途的执法人员或制造业使用。

朋友依照厂商提供的数据，设计一整套简报数据说明产品的功能。她非常兴奋，竭力推销这个产品，因此她联络的每一位编辑几乎都要求做简报。

她的成功之处，在于为首席执行官安排满档的行程。但也有失败的地方——产品可能没有实现设计目标。

第一次简报开始后，她才知道产品只是改良版，不是新的试用版。但这位首席执行官不是傻瓜，他在最新科技上大约具有 20 年的经验，知道变戏法的价值。因为计算机的后侧面板会脱落，他向编辑介绍时，把计算机托在一只大手上，转动计算机，用另外一只手指出计算机后侧面板上的槽沟，这种槽沟使计算机具有特殊功能——在当时可算是特殊功能。

简报举行了近 20 次，没有人为了测试计算机是否坚固，要求把计算机丢到地上，没有人说："我可以试用看看吗？"朋友对我说："每一篇评论都好到极点，但是没有一位编辑摸过这台计算机。"

追求成功之道

○ 结盟时，重要的是先定义你们的共同利益。

○ 如果没有共同利益，一定要详细说明结盟如何协助你达成
自己的要求。

○ 确定"敌手"和你合作的动机——记得 MICE。

○ 和潜在客户互动时，记住销售的四个步骤：形成信赖感、
发现、办好反映你的发现的说明会、处理反对意见 / 结束。

○ 对潜在客户简报时，记得一般人大都只看他们想看的东西。
让投射作用为你服务，而不是和你作对。

第 11 章 善用情报，面对变局

结果思考（outcome thinking）是某些人说的应变计划，但要再加上一个要素。结果思考表示要准备改变目标，不是只改变实现目标的方法而已，结果思考是进行预测，以便判定对未来的影响，以及如何安排好行动，实现最好结果，而非实现预定结果。

这一章中，"瞬息万变"的观念是结果思考和改变常态化的基础。

从结果的角度去思考

肯尼迪总统要求美国"在 1970 年前立志完成把人类送上月球后安全返回地球的目标"，他的战略眼光明确到科学家和工程师完全没有改变余地。有时候局势就是这样，最好的方法就是完成应变计划。如果有位线人没有出现在约定的见面地点，或没有完成情报交换，我们不知道出了什么问题：是不是工作不顺利？是不是病了或遭到监视？我们一方面寻找事先安排的"生命迹象"指标，一方面重新思考整个行动；"生命迹象"指标可能是在这个月的第二个星期二，拿着一个红色的盒子去邮局。我们原来的目标可能是在一个月内，让这位情报员离开这个国家，但后来的迹象显示，我们可能必须在一星期内，让他全家离开这个国家。

思考的两种模式

结果思考有线性（linear）思考和分支（branching）思考两种。线性思考意指在食谱中会出现的规律化、"如果怎么样，然后怎么样"的事件进行程序化：剁、煎、调味、烤之后，一盘菜就做好了。如果逻辑说 A 等于 B，B 等于 C，那么你的挑战就是记对字母的正确顺序。戴尔计算机决定提供自有品牌的打印机，而不是由惠普继续供货，这种战术性变化导致戴尔和卖家、顾客、战略伙伴惠普的关系改变。后来戴尔轻松地解决问题，显示出一个正确行动会影响下一个行动。

分支型思考则像医生决定如何治疗有并发症或多处严重受伤病人的思考过程。鉴于采取第一步行动后，后面可能还有好多个途径可走，医生希望确定怎么让一连串事件动起来，以便获得最好的结果。

我很喜爱情报界一个结果思考的故事，这件发生在第二次世界大战期间的故事显示，很多政治和军事领袖认为不可能的事情，有些人却拥有完成任务的规划和预测能力。他们知道如果推动某件计划，未来就能打赢一场重要战役，最后打赢战争。即使他们的策略不如预期、没有发生作用，也有其他选项可用。

1943 年 4 月 30 日，英国皇家海军准备了一具看来像英国军官的尸体，尸体带着手提箱，漂向了西班牙海岸。西班牙军方捞起尸体，认为发现重大情报——手提箱里放着盟军部队调动计划，而西西里岛不在调动计划中。西班牙和德国交好，因此把计划内容告诉德国，把尸体还给英国，并且保证没有翻动手提箱里的东西。德国这时已经知道文件内容，希特勒于是照着内容做出反应，把纳粹部队从西西里岛移往希腊、萨丁尼亚岛和科西嘉岛。这个计谋是英国海军情报律师尤文·孟塔古（Ewen Montagu）的构想，盟军因此得以登陆西西里岛，导致墨索里尼垮台，最后意大利在1943年9月3日向盟军投降。

现在仍有这种欺敌的例子，不过这种故事在相当长的时间内，可能还是维持机密。企业界也有结果思考的诱骗和策略故事，柏多夫古德曼精品百货前首席执行官埃拉·奈玛克（Ira Neimark）在《第五大道的柏多夫古德曼》（*Crossing Fifth Avenue to Bergdorf Goodman*）一书中，谈到公司的"意大利策略"故事。他从一位法国顶尖设计师的时装秀中溜走，和意大利设计师秘密见面，再秘密飞往罗马。奈玛克说："为了溜进戴高乐机场，不为人发现，我必须应用"007"作者伊恩·弗莱明（Ian Fleming）教的每个技巧，在寻求意大利业务伙伴时，要避开《女装日报》社长和其他同业，每件事显然都像特工片一样惊险。"他的行动目的是获得芬迪（Fendi）的独家代理权，这样其他顶尖意大利设计师很快就会跟进，与奈玛克合作，事实上就是这样。万一芬迪不愿意合作，他还是可以争取另外一家顶级时装品牌，完成计划。

猪湾（The Bay of Pigs）事件是欠缺结果思考的著名例子。行动计划似乎很完整，参加的情报官都清楚任务，但是计划过程中应该诚实衡量你所能掌控的资源。如果你决心完成即使有最新情报也不能变更的目标，最好知道每一阶段究竟有什么人和什么东西可以帮助你。

空中支持是这项登陆计划的关键，可惜没有得到肯尼迪总统的授权。拉夫·韦伯（Ralph Weber）在《情报大师》（*Spymasters*）一书中，提到前中情局长理查德·赫尔姆斯（Richard Helms）在1981年接受访问时承认，猪湾事件的惨败让中情局改变想法："猪湾事件让直接、间接参与行动的每一个人都得到教训……，中情局之类的机构不应该从事这种任务，因为他们没有得到参谋本部系统和支持机构的支持，就从事需要船只、飞机、训练营等很多支持设备的大规模行动。"

厘清影响的关键

最能影响你设计行动计划和确定偶发事件的方式是什么？这是你必须去厘清的。

对某些人来说，对他们的计划和战术影响最大的是信念或一套规则。突击队信条由六句格言组成，每句格言的第一个字母组成突击队（Ranger）这个字，陆军突击队员必须熟记这套指导信条，因此遵守格言成为他们根深蒂固的行为。有些企业界人士依赖像阿尔·里斯（Al Ries）和杰克·特劳特（Jack Trout）合著的

《22条不变的营销法则》(*22 Immutable Laws of Marketing*)。如果你的业务智慧来自这里，你会相信"抢得先机胜过质量优良"。但是如果你接受结果思考，就会发现这种准则在很多场合并不适用。结果思考重视实时、配合特定局面的判断，不只是依赖过去行得通或似乎合乎逻辑的某个原则。我根据实务经验，经常会把上述信念改为"价值胜过抢得先机"。

看看在伊拉克招募线人的状况。你希望这位线人只对你忠诚，因此你做一些事情，让他明白和你建立关系比和别人建立关系有价值多了。他重视的可能是金钱、移民协助、其他物质诱因和令人信服的意识形态；你的工作包括判断这个人最重视什么东西。你想替一家初次营销某个产品的公司"招募"新客人时也要这样处理，如果你提供客户能够获得更多利润或更具市场优势的产品，会比"我的产品最早推出"更有说服力。

以平常心面对变化

运用结果思考时，感情和思考都要有一定程度的机敏反应，你也许会依据新的情报改变策略或目标，但这样做会使很多人不知所措。不但你讨厌改变新方向，别人也可能有反对你的习惯记忆，这就是"我们一向都这样做"的心态，也就是返回已知和熟悉区域的自然倾向。因此，不管是预定的演习或意外，必要时，你可以加入某些要素，才比较容易改变。

中情局的外站等于企业界的分公司，但是每个外站不能只专注派驻国的业务，而是要尽量知道其他外站的作为，才能和最重要的任务结合。这样做不但是专注任务，也是实际可行的行动做法。情报官派驻在比较平静的欧洲友善国家，不表示他们不需要搜集和派驻国无关的各种情报。

上述情况是情报官借以完成任务的必要条件，有助他们对于计划中和意外的变化做出有效反应。中情局不会再为他们设定新的必要条件，这样做只会造成情报官经历情绪循环，这种感觉和伊丽莎白·罗斯（Elizabeth Ross）在《论临终和死亡》（*On Death and Dying*）中描写的悲伤循环（grief cycle）相似。你听说有大变化，经历了否认与愤怒阶段后，你只能沮丧地接受结果，不消说，你的工作成绩不可能很好。

计划中的变化

公司高层主管推动变革，却没有把变革常态化时，员工中就会存在"悲伤循环"。公司首席执行官从随和型变成搏命型，或是公司上市、福利方案的变化——这些都是已经计划好的，公司没有理由不让员工有面对变化的心理准备。

面临"计划中变化"的公司，可以从国防部2000年10月处理"每个军人都戴贝雷帽"这件不完美的事情中学到教训。美国陆军参谋长艾里克·辛塞奇（Eric Shinseki）和国防部副部长保罗·伍佛维兹（Paul Wolfowitz）宣布，黑色贝雷帽是士兵的标准配备，但陆军突击兵团恭敬地提出反对意见。黑色贝雷帽几十年来一直象征着陆军突击兵团是精锐部队；事实上，他们经常把贝雷帽叫作"令人羡慕的黑色贝雷帽"。高级军官认为把黑色贝雷帽，发给每个士兵就能象征全体陆军都是精锐部队，事实上这是一件没有意义的改变。

军方有权力宣布改变，但后来陆军加以缓和，提出妥协方案：黑色贝雷帽是标准配备，但游骑兵会收到黄褐色的贝雷帽作为荣誉的象征。现代的游骑兵部队和他们戴的鹿皮帽，起源于殖民时代传奇的罗杰斯游骑兵部队的传统。对很多游骑兵来说，这种解决办法并不完美，但确实减轻很多反对的力量。

通用电气公司前董事长兼首席执行官韦尔奇坚持完成承诺，要让每位员工都参与一项模仿自镇民大会的训练计划。这是很剧烈的变化，韦尔奇想进行一场公司革命，让每位员工可以直接向主管提供意见，只要情况许可，主管要立刻答复。他的成果是可以量化的：韦尔奇 1981 年接掌通用，当时的总市值约 120 亿美元，20 年后下台时，总市值已经成长到 5000 多亿美元。

意外的变化

有时候，有些变化不像黑色贝雷帽和通用公司的情形，这些变化往往令人措手不及。如果公司领导人具有策略性眼光，又存在资深员工指导新进员工的制度，理论上应该可以很快推动员工面对意外的变化，不强调团队成员关系时，尤其如此。

处理意外变化时，你必须做三件事：

一、告诉员工现在为什么做这种改变，不要让员工怀疑老板是迪斯尼卡通片中胆小的"四眼天鸡"——天塌下来时大叫，要每只鸡朝陌生的方向四散逃跑。

二、提醒大家，为什么他们有能力处理问题。情况改变时，情报官会收到这样的信息："你们做得很好，现在只是用不同的方式做事而已。"中情局提醒情报官他们有能力把事情做好，这是很好的做法。

三、促使大家完成新的需求，另外强调完成任务后的酬劳。

如果不幸地，权谋取代了逻辑，处理变化的过程便可能暗中遭到破坏，使得预期的变化和意外的变化变得模糊不清，该怎么办？在国内政治上，这个问题可能是"这个制裁真的这么急迫，或者只是政治手法"？这些例子经常引人注意，对于盛行办公室政治的公司来说，这是每天都会发生的事情。

例如，某公司有一季成绩不好，正式进行伤害评估后，首席执行官决定公司要采取新行动来增加利润。营销部门搜集的正确营销资料指出，销售小组锁定错误的市场，主打错误的产品。而营销部门提出的建议，挑战了公司的若干中心价值：让销售人员掌握自己的客户资料，且推销员第一手的客户需求信息超越其他任何信息。这种情形造成内部冲突。这就是这家公司做事的特殊方式，未来也将因循下去。

这种矛盾观点造成个人行为、组织结构和战略领导的问题。首席执行官和其他高层主管可以改造组织，让员工知道公司会有变化，也可以制定变化的奖励措施，强调执行新模式可能获得的奖赏，但他们无法改变相关人员，有些人对要求他们前进的命令不高兴，结果是，团队终究无法发挥功能。

降低团队分裂

降低或是消除造成团队分裂的影响力有两种方法：第一个方法是找出员工间的分歧，第二个方法是实施工作程序和约束反对意见的体系。前文说过，情报官大都善于表达意见，因此我们大致能了解他们的基本差异——用字遣词、表达想法等。而中情局常有的紧迫感，通常有助于中情局继续前进。

我和很多公司往来的经验显示，认真实施上面两种方法，可以协助团队克服造成严重伤害的冲突。

某个失能的团体由来自不同公司的科技专家组成，他们的工作内容包括发展某些计算机的标准硬件。这个团体的新领导人对各公司代表彼此间没有相待以礼，感到非常沮丧，因此他聘请一位顾问来解决问题。这位顾问对排成大长方形坐着的三十位代表进行简报，他说："请把笔记本电脑的盖子合起来。"每位代表都知道他的意思。

大家一个接着一个，像节拍器一样，把笔记本电脑合上，让他们看不到彼此的障碍物倒了下来。接着，这位顾问走到活动式白板前，写了"bow"这个词，一面看着大家，一面指着这个词问："这个词是什么意思？"大家一个接一个，大声说出答案："戴在头发上的东西""遇到重要人物时的动作""谢幕时的动作""我鞋子上的蝴蝶结"。最后一位爱好宠物的人说："像狗在打招呼。"

这个练习很简单，但提出的观点让大家用工作时才有的方式探讨。他们一同讨论个人的观点、词汇、教育背景等因素，是如何影响他们的工作方式——何况他们服务的公司还相互竞争。

这位新领导人也有改善程序的机会，她使用了美国国家标准协会为发展标准所制定的规则——一丝不苟、始终如一。这些规则旨在引导工作进行，限制可以提出的反对意见，强制规定反对意见能够延误工作进展的时间。虽然这个团体本身有问题，而且大部分和会议桌上的个性有关，但他们还是设法做了许多事情。

监测对压力的反应

有时候，个人会因为处理压力的方式不对，而出现机能障碍，造成整个团体的工作流程中断。为了招募顶尖好手，我说了很多直率的话和让他们感兴趣的方法，但是在谈论组织改善时，你应该考虑"过度要求"可能影响员工的工作表现，连职场老手也不例外。

秘密行动具有危险性；秘密行动处官员以冒险换取酬劳，任何行动都有可能失败，结果可能是无法取得任何情报，或是和另一个国家断交或丧失性命；各种可能的后果范围很广泛。秘密行事提高结果的难度，如果你公开行事，每个人都可以看到你做的事，一路上会对你提供意见，如果你失败，会帮你提出任务报告。对秘密行动来说，失败的原因和行动本身一样，可能都是秘密。

除了危险和秘密的需求，情报官也很清楚急迫性的严苛要求。如果我们的工作要有价值，提供的信息必须及时。有人在高阶主管会议上，询问中情局长海军上将特纳："我们最重要的资源是什么？"特纳回答说："人员。"他的副手法兰克·卡路奇（Frank Carlucci，后来担任国防部长）说："不对，局长，时间才对。"卡路奇认为，情报如果不及时，就没有用处。

我们经过多年辛苦才学会的道理是，情报官在很多方面可能是杰出人才，但终究还是凡人，"要求表现"的无情压力可能使他们的健康和关系问题恶化。我们知道针对个人直接处理这种压力，对改善组织大有帮助。任何人力资源专家可能都会说："哦，这再明显不过了。"但问题是，不同的人对"无情压力"的定义差异很大。

情报官进入外站后，就已经准备好要处理危险和秘密。时间对工作的影响很明显，却很难说清楚，例如，他们的词汇中几乎没有休假这两个字。我在中情局任职时，中情局是政府中剩余休假时数最高的部门。外站中流传一个大笑话："如何从美国政府办公室中看出真正的情报官员？星期六还把轿车停在停车场的人就是。"

因此，情报人员会有身心耗竭的情形，尤其是危机出现后、完成任务的压力持续增加时，这种案例特别多。中情局有人、有计划，却无法让危险局面消失。有用的预防措施是在绩效评估表中，加入一个不是"评估"而是"了解"的项目。面谈时设法了解员工这时感受到的压力有多大。他一直感受到这么大的压力吗？他的情况是真的还是假的？这些问题的答案可以预防当事人发生问题，大为提高组织的表现。

强化个人和组织的敏捷性

○ 查清楚你的目标是刻在石头上，不能改变，还是可以依据新情报改变，也应该改变。

○ 以两种方式分析你计划好的行动顺序：假设这是食谱（必须先做甲再做乙）；假设这是立起的骨牌（一个事件导致下一个事件）。使用上述结果，协助你决定替代做法。

○ 因改变而引起情绪反应是很正常的事，这是一种"悲伤循环"；所以，要尽早告诉大家改变的理由。

○ 组织中应该存在某些措施，协助员工好好面对意外的改变，传达新的前进命令；指导员工碰到改变时，可以相信他人，向什么人求助；交办的任务要清楚。

○ 突显团队成员中的异议，以便处理团队的机能障碍，让大家至少知道他们为什么处得不好；使整个组织明确定位，每位成员都朝同一方向前进。

○ 设法定期确定员工感受到的压力有多大。这样做不是要提出批判，而是想知道影响个人工作能力的原因是什么。

第 12 章　伤害评估

过去 25 年间，阿德里奇·耶姆斯（Aldrich Ames）叛国案严重影响中情局；耶姆斯从 1985 年开始担任苏联特工，1994 年 2 月遭联邦调查局逮捕。这位双面特工的行为在中情局和美国政府间余波不断，因为耶姆斯叛国而死的人中包括德米特里·波利亚科夫（Dmitri Polyakov）少将，当时他是苏联国防部军事情报局最高层官员，他从 20 世纪 80 年代中期开始，提供情报给美国，遭到耶姆斯暴露后，于 1988 年被苏联处决。

耶姆斯的同事在他叛国后不免要问：回想起来，我曾经发现什么可疑的事情吗？在他变节前，每个接触过他的人都没有发现什么异常的事情吗？

做耶姆斯之类案例的伤害评估时，"回想看过的东西"是一种逆向工程，用来判定这个人泄露什么事情，导致伤害情报行动。在这个案例中，我们可以知道耶姆斯泄露的一部分情报。问题是"他泄露的情报中，有哪些是我们不知道的东西"？在这个问题之前的问题是："他确实知道哪些事情"？从后面往前推，假设他泄露他所知道的每一件事，我们可以推算出潜在的最大伤害。

这种规模的伤害评估要大家完全合作，有其困难存在，因为"了解全部情况"表示要把所有遭受背叛的人都纳入，这些人因为提拔他而有罪恶感，因为曾和他坦率地谈话而很敏感——你却要求他们和盘托出和这个人的每项谈话、备忘录和闲聊；不只要弄清楚这个案子的伤害，更要查明系统中存在哪些缺点，导致这个案子发生。

麦道夫是华尔街耶姆斯的翻版，都是牺牲他人性命和财富、背叛信任的人。他的庞氏骗局的伤害评估也包括"什么事情"和"如何"：最大的伤害程度是什么？他怎么能够逍遥法外？基本上，只有美国航空航天局的数学奇才，才能评估得出他造成多大的伤害。

除了投资人损失的连锁效应外，还有投资人是谁的问题，因为麦道夫的投资者中包含关联型基金，这种基金的客户认为钱是由某家公司在操作，事实上，钱在麦道夫手里。如同调查耶姆斯的人一样，调查麦道夫的人会面临一些生死攸关的问题。这个案子所影响的人当中，有一位是因为麦道夫而亏损的帕金森氏症患者，他要面对医疗问题；而照顾埃塞俄比亚犹太人和达弗里（Darfuri）难民的伊利威塞尔基金会（Eli Weisel Foundation）也受骗。这个案子和耶姆斯案一样，麦道夫"如何"逍遥法外这么久，造成非常多的人受骗？从麦道夫的家人，到关联型基金主管机关和证券交易委员会委员，有谁知道怎么解释这么拙劣的行为，居然久久没有人发现？

内部监督机制

企业经常有内部监督的功能，但可能不是全公司性的。例如，工程质量控制专家肩任工程监督功能，人力资源通常处理人事的问题。中情局的监察长是局内主要的内部监督人，负责监督整个中情局，责任范围包括：

○ 财务稽核：这项职责和一般公司一样。

○ 调查不法行为：一般公司通常把这项工作归属人力资源部门。

○ 管理稽核：工作重点在查核作业疏失，希望改善日常工作和流程。

我在监察室时，是管理稽核小组的成员，我们会带一个小组进入外站，检查作业和行政的各方面。首先，我们像情报官刚刚到外站任职时一样阅读数据，其次，我们会请教了解外站作业的人，这些人包括在中情局总部和在这个外站服务的人，然后撰写报告。

到目前为止，这个流程和顾问公司在一般公司做管理稽核的程序雷同，但是接着的流程可能和很多顾问公司的流程不同。我们会跟和外站组员打交道的主要人员洽谈。举例来说，如果我正和旧金山一个主要外站洽谈，他们常常往来的是这个地区的联邦调查局和一个军方办公室，我们就会先访问这些人，然后回到中情局总部，访问和这个机构打交道的主要人员。

如此一来，我们便可以回答这个单位的工作和生产力的问题，很少公司能从类似的过程中得到这种结果，因为我们访问的人"必须"回答我们的问题。我们做的事情有说服力。我们可以提出特别的建议，立刻改善外站的表现以及外站和往来单位的关系。

如果企业想完成同样的事情，问题隐约出现：既然你无法强迫同事和你谈话，你要怎么鼓励他们这样做？简单地说，你可以执行第11章里韦尔奇想推行的训练计划：你要宣布员工不但可以直接对主管表达意见，而且他们提出的信息、想法或意见会受到尊重，不是评价。稍后我会进一步探讨如何吸引员工揭露事实。

视察稽核报告或管理稽核报告完成后，会送交中情局长和外站。外站有机会提出辩解，例如"这件事没有违反规定，因为……"或"这件事无法改善，因为……"或"非常感谢，我们正在改善"。中情局长会接受监察长的一部分建议，其他部分则不接受。而对于接受建议的部分，有关的外站必须在一段时间内完成要求的改变。

我不建议你在公司实施监察长查核式的严格制度，但是当公司出问题时，发现问题的程序和改善问题必须包括两件事：

一、揭露

二、改变

我在第11章处理改变常态化的问题，而上面的案例属于计划性的改变，看完下面关于揭露问题的讨论后，你也许会想再度阅读第 11 章。

诱发吐露实情

不论你是情报官或是公司的高级主管，理应对于全盘吐实的人有所警觉，他们"把事情和盘托出，但会为自己留后路。"秘密行动处人员总认为每日一起工作的同事会"谨慎行事"，所以倾向于接受他们无保留的全面揭露。这种情形就像俱乐部或社团要求会员不让外人知道某些事情一样。你也许觉得和会员分享敏感的私事比较放心，因为这位会员已经显示在处理社团信息时具有判断力。

保留某些秘密也是成年人的特点，但公司似乎不重视培养这个特点。事实上，我注意到大家反而鼓励企业人士采取相反的做法，想说什么就说什么，把事情和盘托出。强调这些陈腐的想法而不设法获得完整一致的信息，结果是你很可能听了一大堆话，但不是完整的故事。"全面公开"不等于"太多信息"。

在我说明其中的差别前，先想想你为何持续实施"奖励犯错者"这种政策。好决策不一定产生好结果，就像坏决策不一定导致坏结果一样。有时候，绑安全带的人在车祸中丧生，如果他们不绑安全带，说不定会活下来。这种情形很少，但确实发生过，不过再怎么说，绑安全带也不是坏的抉择。有时候，有人做出奇怪或不合逻辑的决策，他们因为卖冰激凌或汽车，赚了好几百万美元，这是运气，不是好的决策，会赚钱纯粹是运气好。

切记，要求幕僚提供信息和提议时，不要太快给予批评。在合理的范围内，奖励有创新思想，也因此成功的人，也要奖励有创新思想，结果却失败的人；他们都是带着使命感去从事创新，执行你要他们做的事情。如果你一向乐意接受员工的成果和数据，情况不好时，他们会更愿意表达内心深处的想法。

看看下面这个问题，员工的回答是毫不隐瞒事实的实例："计算机安全漏洞让我们损失一百万美元，你可以从你的观点给我一个线索吗？"员工回答："除非我的计算机出问题，否则我几乎不和计算机人员打交道。事实上，这种情形可能是问题的指标。除非出问题，否则我们这个部门的人员不和他们往来，他们可能觉得自己不是团队的成员，不太在乎运营成果。我对计算机人员的尊重，和对窗户清洗工是一样的。"

上述回答显示这个团队存在特殊的问题，但也存在减轻这个问题的途径。

另一个答复如下：

"这些技术人员活在自己的世界里，我完全看不出他们关心我们这些人在做什么，或关心公司要用什么方法赚钱。我请他们来修个东西，手机一响，他们就跑开，因为他们真是该死的大人物，后来如果他们回来，也不一定会把问题解决，只会治标，不会治本。他们可能知道计算机有安全问题，让问题发生，可以确保他们的工作，因为问题出现时，才能显出他们的价值；如果这种现象存在，我也不会讶异。公关人员也好不到哪里去，我听过有人把什么事情都告诉记者，因为报道这个人的版面愈多，她的职位就愈稳固。"

第二个回答散漫而不连贯，充满猜测和指控，好像解决问题之道是把计算机人员全部免职，或许公关经理也应该走人。

为了获得有用且完整的回答，首先你必须表明公司重视谨慎，信息是公司的资产。公司规定在书面或口头沟通时，要遵守两项准则：

一、倾听和注意问题。会让有效率的传播人员觉得挫折的常见问题是：有些人把不相关的部分和意思加在问题上。别人问你计算机安全漏洞的问题，不表示希望听到你评论公关经理对记者谈话的看法。

二、专注在问题上。你不太可能是心理学家，纵使你认为某人只活在自己的世界里，或是有根深蒂固的破坏组织倾向，除非你提出事实，让别人也相信这种看法，否则这种说法没有可信度。

除非你有很多幕僚人员，可以从中安排一位来全职执行监察长工作，否则请把伤害评估视为独立计划。

请指示你希望信息如何传递。杂乱无章的电子邮件或谈话可能产生有价值的信息，但往往要进行不必要的额外工作才能取得。

员工提供改善信息和意见时，千万不要批评。在适当的情况下，奖励想帮忙而帮上忙的人，也要奖励想帮忙却没有帮上忙的人。

结语
绝对奏效的特工忠告

当你思考谁想要或需要你的产品或服务时，你会看到什么样的脸孔？我的意思不是人口统计或其他描述性的资料，我指的是真正的人。这本书是探讨如何聘用一流人才来发展组织，搜集和审核信息成为情报，进而打败对手。当你看到客人的脸孔时，这些见解就会在你心中产生共鸣。

我在中情局度过的职业生涯中，工作内容是提供美国总统做决策时所想要和需要的情报。我认为，你在描述你的产品和顾客时，也要简洁、清楚，这样你才有开阔的眼光，知道你为什么要采取行动、改善公司。

我相信，为了完成这个目标，你要将你做的事，和这些事情如何影响其他人之间的关系做结合。顾客面对你时，全心全意注意顾客的需要很容易，但如果客人不在场等待或要求你服务时，情形会不一样。

大企业的多数员工难得接触顾客，情报官也很少接触他们的客户——美国总统，但至少知道美国总统的长相。脑海中留着客户对于完成每天工作的需求，以及如何将公司提升到更高水平的伟大想法，都能提供很大的好处。

现在我身处国际特工博物馆，我只要下楼，在地板上走走，就会发现我们每天来上班的道理。青少年正在破解密码文件，成年人扮演约翰·勒卡雷（John Le Carre）特工小说中的角色，当地一所小学的好多小孩沉迷且静静地坐着，观赏描述情报在国家安全上所扮演角色的影片。

如果你在制药公会上班，客户的脸孔是委员会会议中坐在你旁边的人，或在走廊上准备见你老板的人；让你有工作的不是你的客户（即医师），而是医生的客户，如哮喘病患、癌症病患、避免感染流行性感冒的老人。

不过，如果你生产汽车、石油、软件，做这种形象化的联结会较为困难。想想，你也许真的喜欢你的工作，或是因为待遇丰厚，觉得很满足，但每天一定有某个地方的人会因为你做的事情而受益，你要尽量把这些人放在心里，如此一来，你就能有更强的动机执行本书中的建议。

出版后记

美国的中央情报局（CIA）战果累累，在各国情报机构中名列前茅，作为一个组织，它无疑是卓越的。这个卓越的组织，至少在三个方面具有无可匹敌的实力：其一，甄选和培养优秀的成员；其二、获取、分析和传播情报；其三、危机处理。作为没有特殊使命的商业组织，企业是否可以向美国中央情报局学习呢？

本书作者曾服务于美国中央情报局达 36 年之久，其中 25 年的时间任职于秘密作战处，退休时被授予"杰出服务"终身奖章。在他看来，美国中央情报局的工作方式和思考方法，完全可以和企业无缝对接。

美国中央情报局以高质量和优秀的人才闻名于世。在他们看来，一个优秀的组织成员首先不会仅仅为了钱而工作，更多的是为了使命而工作，否则临阵叛变的特工将是致命的；其次，组织成员必须接受严格和充分的训练，以确保能完成任务；其三，组织成员需要具备强大的持续学习能力，以适应诡谲的环境。为此，他们设计了一整套久经考验的甄选和培训方法，这些方法大多收录于本书。

作为情报机构，获取、分析和传播情报是核心职能。美国中央情报局有一整套搜集情报的技巧，这些技巧可以帮助特工从蛛丝马迹中顺藤摸瓜，得到准确、及时和客观的信息；情报的分析工作更依赖于系统和全面的分析方法，也是特工必备的素养；鉴于许多情报要呈送给总统，作为决策依据，情报的传播需要强大归纳和精准的描述，这些方法在本书中也多有涉及。

与企业一样，美国中央情报局也致力于减少甚至完全规避错误。但是，如果错误出现了，如何临危不乱地应对变局，显然需要一整套危机处理预案，对此本书中也有精彩的论述。总而言之，美国中央情报局更像是极端情况下的组织，其工作模式和思考方法更为专业和精密，企业向顶级情报机构学习，有很大的学习空间，本书可以作为入门教材。

服务热线：133-6631-2326　188-1142-1266
读者信箱：reader@hinabook.com

后浪出版公司
2021 年 5 月

图书在版编目（CIP）数据

零规则思维 /（美）彼得·恩尼斯特,（美）玛丽安·卡林奇著；吴宗璘，刘道捷译. -- 成都：四川人民出版社, 2021.7

ISBN 978-7-220-11533-2

Ⅰ.①零… Ⅱ.①彼…②玛…③吴…④刘… Ⅲ.①企业管理 Ⅳ.① F272

中国版本图书馆 CIP 数据核字 (2021) 第 057880 号

四 川 省 版 权 局
著作权合同登记号
图字：21-2019-110

LINGGUIZESIWEI
零规则思维

著　　者	［美］彼得·恩尼斯特　玛丽安·卡林奇
译　　者	吴宗璘　刘道捷
选题策划	后浪出版公司
出版统筹	吴兴元
特约编辑	高龙柱
责任编辑	林袁媛
装帧制造	墨白空间·曾艺豪
营销推广	ONEBOOK

出版发行	四川人民出版社（成都槐树街2号）
网　　址	http://www.scpph.com
E－mail	scrmcbs@sina.com
印　　刷	北京汇林印务有限公司
成品尺寸	143mm×210mm
印　　张	8
字　　数	150千
版　　次	2021年7月第1版
印　　次	2021年7月第1次
书　　号	978-7-220-11533-2
定　　价	48.00元